中华人民共和国
民营经济促进法

案例注释版

中国法治出版社
CHINA LEGAL PUBLISHING HOUSE

出版说明

我国各级人民法院作出的生效裁判是审判实践的结晶，是法律适用在社会生活中真实、具体而生动的表现，是连接抽象法律与现实纠纷的桥梁。因此，了解和适用法律最好的办法，就是阅读、参考已发生并裁判生效的真实案例。从广大读者学法、用法以及法官、律师等司法实务人员工作的实际需要出发，我们组织编写了这套"法律法规案例注释版"丛书。该丛书侧重"以案释法"，期冀通过案例注释法条的方法，将法律条文与真实判例相结合，帮助读者准确理解与适用法律条文，并领会法律制度的内在精神。

丛书最大的特点是：

一、专业性。丛书所编选案例的原始资料基本来源于各级人民法院已经审结并发生法律效力的裁判文书，从阐释法律规定的需要出发，加工整理而成。对于重点法条，则从全国人大常委会法工委等对条文的解读中提炼条文注释。

二、全面性。全书以主体法为编写主线，并辅之以条文主旨、条文注释、实用问答、典型案例、相关规定等，囊括了该法条的理论阐释和疑难问题，帮助读者全面理解法律知识体系。

三、示范性。裁判案例是法院依法对特定主体之间在特定时间、地点发生的法律纠纷作出的裁判，其本身具有真实性、指导性和示范性的特点。丛书选择的案例紧扣法律条文规定，精选了最高人民法院、最高人民检察院公布的指导案例等典型案例，对于读者有很强的参考借鉴价值。

四、实用性。每本书通过实用问答模块，以问答的方式解答实务中的疑难问题，帮助读者更好地解决实际问题。丛书设置"相关案例索引"栏目，列举更多的相关案例，归纳出案件要点，以期通过相关的案例，进一步发现、领会和把握法律规则、原则，从而作为解决实际问题的参考，做到举一反三。

五、便捷性。丛书采用大字排版、双色印刷，清晰疏朗，提升了读者的阅读体验。我们还在部分分册的主体法律文件之后收录重要配套法律文件，以及相应的法律流程图表、文书等内容，方便读者查找和使用。

希望本丛书能够成为广大读者学习、理解和适用法律的得力帮手！

适用提示

2025年4月30日，十四届全国人大常委会第十五次会议表决通过了《中华人民共和国民营经济促进法》，自2025年5月20日起施行。《中华人民共和国民营经济促进法》共9章78条，主要规定了以下内容：

一、促进民营经济发展的指导原则和总体要求

在总则中明确促进民营经济发展工作坚持党的领导，坚持以人民为中心，坚持中国特色社会主义制度；坚持和完善社会主义基本经济制度，坚持"两个毫不动摇"；充分发挥市场在资源配置中的决定性作用，更好发挥政府作用。明确规定民营经济是社会主义市场经济的重要组成部分，是推进中国式现代化的生力军，是高质量发展的重要基础，是推动我国全面建成社会主义现代化强国、实现中华民族伟大复兴的重要力量。明确促进民营经济持续、健康、高质量发展，是国家长期坚持的重大方针政策；更好发挥法治固根本、稳预期、利长远的保障作用，坚持平等对待、公平竞争、同等保护、共同发展的原则，促进民营经济发展壮大。

二、保障公平竞争

着力健全、完善民营经济组织公平参与市场竞争的制度机制，把实践中行之有效的政策和做法确定为法律制度。规定市

场准入负面清单以外的领域，包括民营经济组织在内的各类经济组织可以依法平等进入；对落实公平竞争审查制度、定期清理市场准入壁垒、禁止在公共资源交易活动中限制或者排斥民营经济组织等作出规定。

三、优化投融资环境

完善制度措施，降低制度性交易成本，优化民营经济投资融资环境。明确支持民营经济组织参与国家重大战略和重大工程，对引导民营经济投资重点领域、完善融资风险市场化分担机制、提供更高水平投资服务、提升金融服务可获得性和便利度、健全多层次资本市场体系等作出规定。

四、支持科技创新

鼓励、支持民营经济组织在推动科技创新、培育新质生产力、建设现代化产业体系中积极发挥作用。明确支持有能力的民营经济组织牵头承担国家重大技术攻关任务，向民营经济组织开放国家重大科研基础设施，对提供技术创新服务、发挥数据赋能作用、加强技术应用与合作、鼓励人才培养使用、强化知识产权保护等作出规定。

五、注重规范引导

完整、准确、全面贯彻落实党中央关于发展民营经济的方针政策。积极引导广大民营企业家拥护党的领导，坚持中国特色社会主义制度，践行社会主义核心价值观。强调发挥民营经济组织中党组织政治引领作用和党员先锋模范作用；推动民营经济组织实现规范治理，完善治理结构和管理制度、规范经营者行为、强化内部监督。同时，对依法规范和引导民营资本健康发展，构建民营经济组织源头防范和治理腐败体制机制，加强廉洁风险防控，规范会计核算、防止财务造假等作出规定。

六、强化服务保障

明确建立畅通有效的政企沟通机制，制定与经营主体生产经营活动密切相关的规范性文件等应当注重听取意见；与有关法律相衔接，明确规定法不溯及既往原则。强化行政执法监督，坚决遏制"乱收费、乱罚款、乱检查、乱查封"等行为。对高效便利办理涉企事项、完善人才激励政策、健全信用修复制度、健全纠纷多元化解机制、发挥行业协会商会作用、加强海外综合服务和权益保护等作出规定。

七、加强权益保护

强调民营经济组织及其经营者的人身权利、财产权利以及经营自主权等合法权益受法律保护。对规范强制措施，禁止违法实施收费、罚款或摊派财物，规范异地执法行为，规范政府履约践诺，加强账款支付保障等作出规定。[1]

---

[1] 《为新时代新征程民营经济持续、健康、高质量发展提供坚实法治保障——全国人大常委会法工委负责人就民营经济促进法答记者问》，载中国政府网，https://www.gov.cn/yaowen/liebiao/202504/content_7021938.htm，最后访问时间：2025年5月2日。

目 录

中华人民共和国民营经济促进法

第一章 总 则

第一条 【立法目的】 …………………………………… 2

第二条 【总体要求】 …………………………………… 2

● 典型案例

1. 重庆某实业（集团）有限公司与重庆某基金管理有限公司股东知情权纠纷案…………………… 3
2. 某建设投资发展公司与某海洋开发公司、某投资控股公司合同纠纷案…………………………… 5
3. 周某诉某市监局行政处罚决定案………………… 6

第三条 【民营经济的定位及工作方针】 ……………… 8

● 典型案例

1. 重庆某药业有限公司与北京某制药有限公司技术转让合同纠纷案…………………………………… 8
2. 重庆某建设集团有限公司与重庆某产业投资有限公司建设工程施工合同纠纷案………………… 10

1

3. 重庆某建筑工程有限公司与重庆巫山某产业发展有限公司建设工程合同纠纷案 ················· 12

　　4. 某副食经营部诉某乳业销售分公司合同纠纷案 ········· 13

　　5. 某投资公司与甲集团等合伙协议纠纷案 ··············· 15

　　6. 某重工物资公司与某贸易公司企业借贷纠纷案 ········· 16

第 四 条　【管理体制】 ·· 19

第 五 条　【民营经济组织及其经营者】 ························· 20

第 六 条　【民营经济组织及其经营者的义务】 ················ 20

　●典型案例

　　1. 重庆某食品公司诉何某某劳动争议案 ················· 20

　　2. 重庆某科技公司诉李某兵劳动争议案 ················· 22

　　3. 唐某某、刘某某等17人与重庆某实业有限公司劳动争议系列案 ······································ 23

第 七 条　【工商业联合会发挥作用】 ···························· 25

第 八 条　【社会支持】 ··· 25

　●典型案例

　　某新材料公司与夏某损害公司利益责任纠纷案 ············ 26

第 九 条　【民营经济统计制度】 ·································· 27

第二章　公平竞争

第 十 条　【市场准入】 ··· 27

第十一条　【公平竞争审查】 ······································· 27

　●典型案例

　　四川某科技有限公司等涉嫌串通投标案 ··················· 28

2

第十二条 【平等使用要素和资源、适用政策】……………… 29

第十三条 【制定、实施政策措施中平等对待】……………… 30

第十四条 【公共资源交易活动中平等对待】………………… 30

第十五条 【预防和制止垄断、不正当竞争行为】…………… 30

● 典型案例

　　陕西某凤酒公司、陕西某恒酒公司诉陕西某酒公司、四川省某贵酒厂石泉县某商贸有限公司不正当竞争纠纷案 … 31

第三章　投资融资促进

第十六条 【参与国家重大战略和重大工程】………………… 33

第十七条 【投资重点领域】…………………………………… 33

第十八条 【资产盘活、参与政府和社会资本合作项目】…… 33

● 典型案例

1. 某股份银行支行与某集团有限公司金融借款合同纠纷案 … 34
2. 某财险公司破产重整案 …………………………………… 35
3. 某银行与某仓储超市公司、李某、杨某借款合同纠纷执行案 ………………………………………………………… 37
4. 某房地产开发公司破产重整案 …………………………… 39
5. 黄某等申请执行上海某农产品公司房屋租赁合同纠纷系列案件 …………………………………………………… 40
6. 某文化公司破产重整案 …………………………………… 42
7. 某集团公司申请置换保全财产案 ………………………… 44
8. 济南某食品有限公司合并破产和解案 …………………… 45

第十九条 【政府提供项目推介对接等服务】………………… 47

第 二 十 条　【金融服务差异化监管】 …………………… 47

第二十一条　【民营经济组织贷款担保】 …………………… 47

　● 典型案例

　　某银行支行与某食品公司保证合同纠纷案 …………… 48

第二十二条　【融资风险市场化分担】 ……………………… 50

　● 典型案例

　1. 北京某配件销售公司、北京某工程公司与某财产保险公司北京分公司财产损失保险合同纠纷案 ………… 50

　2. 某融资租赁公司诉某新能源公司等融资租赁合同纠纷案 …………………………………………………… 52

第二十三条　【开发和提供金融产品和服务】 ……………… 53

第二十四条　【金融机构平等对待民营经济组织】 ………… 55

第二十五条　【多层次资本市场体系】 ……………………… 55

第二十六条　【信用信息归集共享】 ………………………… 55

　● 典型案例

　　某国际贸易公司诉某区税务局纳税信用复评案 ……… 56

第四章　科技创新

第二十七条　【推动科技创新、培育新质生产力】 ………… 57

　● 典型案例

　　重庆某科技有限公司与重庆某化工有限公司合同纠纷案 …… 58

第二十八条　【参与国家科技攻关项目】 …………………… 59

第二十九条　【参与共性技术研发和数据要素市场建设】 … 59

第 三 十 条　【参与标准制定】 ……………………………… 60

第三十一条 【加强新技术应用】 …… 60

第三十二条 【培养使用人才】 …… 60

● 典型案例

某农业科技公司与某财产保险公司保险合同纠纷案 …… 60

第三十三条 【原始创新、创新成果知识产权保护】 …… 62

● 典型案例

1. 专业调解组织成功化解涉企知识产权纠纷案 …… 63
2. 重庆某科技有限责任公司与上海某软件技术有限公司著作权侵权纠纷案 …… 63
3. 重庆某网络科技有限公司与陈某某侵害商业秘密纠纷案 …… 65
4. 郭某侵犯商业秘密案 …… 66
5. 张某等人非法制造、销售非法制造注册商标系列案 …… 67

第五章 规范经营

第三十四条 【发挥党组织和党员作用】 …… 69

第三十五条 【围绕国家工作大局发挥作用】 …… 70

第三十六条 【遵守法律法规义务】 …… 70

● 典型案例

1. 孙某翔职务侵占案 …… 70
2. 王某娟职务侵占案 …… 71

第三十七条 【民营资本健康发展】 …… 73

● 典型案例

某建设公司诉某保险公司责任保险合同纠纷案 …… 73

第三十八条 【完善治理结构和管理制度】 …… 75

● 典型案例
　1. 原告何某某诉被告某房地产开发公司股东知情权纠纷案 …… 75
　2. 某医疗用品有限公司诉祝某斌、祝某杉股东损害公
　　 司债权人利益责任纠纷案 ………………………………… 77
　3. 某电梯有限公司与某商业管理有限公司合同纠纷案 …… 78
　4. 某建材公司诉范某红、范某彬等追加、变更被执行
　　 人异议之诉案 …………………………………………… 79
　5. 某工具厂诉某钢铁有限公司招标投标买卖合同纠纷案 …… 81
　6. 某信息公司诉某影视文化公司等追收未缴出资纠纷案 …… 82
　7. 某物流公司诉某旅游公司、某科技公司旅游合同纠纷案 …… 84

第三十九条　【防范和治理腐败】 ………………………… 86
● 典型案例
　杨某职务侵占案 …………………………………………… 86

第 四 十 条　【财务管理、会计核算】 …………………… 87
● 典型案例
　某物业租赁公司与某投资公司、胡某损害公司利益责
　任纠纷案 …………………………………………………… 88

第四十一条　【员工共享发展成果】 ……………………… 88
第四十二条　【社会责任评价体系和激励机制】 ………… 89
第四十三条　【海外投资经营】 …………………………… 89

第六章　服务保障

第四十四条　【政府履职、政企沟通】 …………………… 89
第四十五条　【听取意见建议】 …………………………… 90

第四十六条　【优惠政策公开】 ………………………………… 90

第四十七条　【制定鼓励组织创业政策】 ………………………… 91

第四十八条　【登记服务和个转企】 ……………………………… 91

第四十九条　【人才培养】 ………………………………………… 91

第 五 十 条　【依法开展执法活动】 ……………………………… 92

● 典型案例

1. 重庆市某碎石厂等与重庆市某经济技术开发区应急管理局不履行行政补偿法定职责纠纷案 …………………… 92

2. 某木业有限公司与某规划和自然资源局建设用地使用权纠纷案 …………………………………………………… 93

3. 某记公司诉某区市场监督管理局不履行注销登记职责案 ………………………………………………………………… 94

第五十一条　【行政处罚实施】 …………………………………… 95

第五十二条　【监管信息共享互认】 ……………………………… 96

第五十三条　【投诉举报处理】 …………………………………… 96

第五十四条　【失信惩戒和信用修复】 …………………………… 97

● 典型案例

1. 某印刷公司与某电器科技公司、张某等买卖合同纠纷案 ………………………………………………………………… 97

2. 某灯饰公司与某银行A支行、B支行其他侵权责任纠纷案 ………………………………………………………… 98

第五十五条　【矛盾纠纷多元化解】 ……………………………… 100

● 典型案例

1. 员工罢工辞职索赔，企业无错无需赔偿案 ……………… 101

7

  2. 重庆某置业有限公司与重庆市某区住房和城乡建设委员会行政征缴案 ……………………………………… 102
  3. 某建设公司申请某药业公司破产清算案 ……………… 103

第五十六条 【行业协会商会作用】………………………… 105
第五十七条 【国际化发展】………………………………… 105

第七章 权益保护

第五十八条 【合法权益受法律保护】……………………… 105
● 典型案例
  1. 冉某职务侵占再审案 …………………………………… 106
  2. 吴某某、王某某、程某职务侵占罪案 ………………… 106
  3. 黄某某、殷某某职务侵占案 …………………………… 107
  4. 某证券公司与某科技公司证券交易合同纠纷案 ……… 109
  5. 某流体设备技术公司与施某损害公司利益责任纠纷案 … 110

第五十九条 【人格权益保护】……………………………… 113
● 典型案例
  黄某某、吕某某敲诈勒索案 ……………………………… 114

第 六 十 条 【依法开展调查、实施强制措施】…………… 115
第六十一条 【征收、征用财产】…………………………… 115
第六十二条 【查封、扣押、冻结涉案财物】……………… 116
● 典型案例
  1. 重庆某酒店公司与重庆某建设公司保全财产置换案 … 116
  2. 某建设集团公司与某置业公司执行异议案 …………… 118
  3. A 信托公司与 B 公司等合同纠纷案 …………………… 119

第六十三条	【办理案件】	……………………	120
第六十四条	【规范异地执法行为】	…………………	121
第六十五条	【反映情况、申诉等权利】	………………	121
第六十六条	【检察机关法律监督】	…………………	121
第六十七条	【国家机关等支付账款】	…………………	122

● 典型案例

　　某电缆股份有限公司与某集团某有限公司买卖合同纠纷案 …………………………………………………… 122

第六十八条　【大型企业支付账款】 ………………… 123

● 典型案例

　　1. 某集团公司诉某建设公司建设工程施工合同纠纷案 …… 124
　　2. 绿色通道快速调处，审执衔接助企维权案 …………… 125
　　3. 精心调解"金钥匙"，解锁矛盾促获共赢案 …………… 126
　　4. 审慎善意实施保全，避免企业被困受阻案 …………… 127
　　5. 某鞋业公司诉某超市股份有限公司联营合同纠纷案 …… 128
　　6. 某建材公司诉某工程公司买卖合同纠纷案 …………… 129

第六十九条　【账款支付保障工作】 ………………… 130

● 典型案例

　　重庆某装饰工程有限公司与重庆市开州区某幼儿园、朱某装饰装修合同纠纷案 ……………………………… 131

第七十条　【履行政策承诺、合同】 ………………… 132

● 典型案例

　　1. 重庆某节能建材有限公司与重庆市涪陵区某镇人民政府合同纠纷案 ………………………………………… 133

2. 某科技公司诉垫江某管委会行政协议案⋯⋯⋯⋯⋯⋯⋯134

第八章　法律责任

第七十一条　【公平竞争有关违法行为的法律责任】⋯⋯⋯⋯136

第七十二条　【违法实施征收等措施、异地执法的法律
　　　　　　责任】⋯⋯⋯⋯⋯⋯⋯⋯⋯⋯⋯⋯⋯⋯⋯⋯136

第七十三条　【账款支付等有关违法行为的法律责任】⋯⋯⋯137

第七十四条　【侵害民营经济组织及其经营者合法权益的
　　　　　　法律责任衔接】⋯⋯⋯⋯⋯⋯⋯⋯⋯⋯⋯⋯137

　●典型案例

　　1. 蔡某松等人涉嫌合同诈骗案⋯⋯⋯⋯⋯⋯⋯⋯⋯⋯⋯137

　　2. 李某盗窃案⋯⋯⋯⋯⋯⋯⋯⋯⋯⋯⋯⋯⋯⋯⋯⋯⋯138

第七十五条　【民营经济组织及其经营者违法的法律责任
　　　　　　衔接】⋯⋯⋯⋯⋯⋯⋯⋯⋯⋯⋯⋯⋯⋯⋯⋯139

　●典型案例

　　1. 何某涉嫌非国家工作人员受贿案⋯⋯⋯⋯⋯⋯⋯⋯⋯139

　　2. 杜某涉嫌职务侵占案⋯⋯⋯⋯⋯⋯⋯⋯⋯⋯⋯⋯⋯140

第七十六条　【采取不正当手段骗取表彰荣誉等的法律责任】⋯⋯141

　●典型案例

　　贡某某等人涉嫌骗取贷款案⋯⋯⋯⋯⋯⋯⋯⋯⋯⋯⋯⋯141

第九章　附　　则

第七十七条　【概念、适用指引】⋯⋯⋯⋯⋯⋯⋯⋯⋯⋯⋯142

第七十八条　【施行日期】⋯⋯⋯⋯⋯⋯⋯⋯⋯⋯⋯⋯⋯142

附 录

中华人民共和国中小企业促进法 …………………………………… 143
　　（2017年9月1日）
中华人民共和国公司法（节录）………………………………………… 154
　　（2023年12月29日）
中华人民共和国反不正当竞争法（节录）…………………………… 178
　　（2019年4月23日）
优化营商环境条例 ……………………………………………………… 182
　　（2019年10月22日）
保障中小企业款项支付条例 …………………………………………… 200
　　（2025年3月17日）

中华人民共和国民营经济促进法

（2025年4月30日第十四届全国人民代表大会常务委员会第十五次会议通过　2025年4月30日中华人民共和国主席令第46号公布　自2025年5月20日起施行）

目　　录

第一章　总　　则
第二章　公平竞争
第三章　投资融资促进
第四章　科技创新
第五章　规范经营
第六章　服务保障
第七章　权益保护
第八章　法律责任
第九章　附　　则

第一章 总 则

第一条 立法目的[①]

为优化民营经济发展环境，保证各类经济组织公平参与市场竞争，促进民营经济健康发展和民营经济人士健康成长，构建高水平社会主义市场经济体制，发挥民营经济在国民经济和社会发展中的重要作用，根据宪法，制定本法。

● **相关规定**

《宪法》[②] 第6条、第11条

第二条 总体要求

促进民营经济发展工作坚持中国共产党的领导，坚持以人民为中心，坚持中国特色社会主义制度，确保民营经济发展的正确政治方向。

国家坚持和完善公有制为主体、多种所有制经济共同发展，按劳分配为主体、多种分配方式并存，社会主义市场经济体制等社会主义基本经济制度；毫不动摇巩固和发展公有制经济，毫不动摇鼓励、支持、引导非公有制经济发展；充分发挥市场在资源配置中的决定性作用，更好发挥政府作用。

[①] 条文主旨为编者所加，下同。
[②] 本书法律文件使用简称，以下不再标注。

● **实用问答**

问：促进民营经济发展工作的指导原则是什么？

答：具体包括三个方面：一是坚持和完善社会主义基本经济制度，包括在所有制结构方面的公有制为主体、多种所有制经济共同发展，在分配制度方面的按劳分配为主体、多种分配方式并存，在经济运行机制方面的社会主义市场经济体制；二是强调"两个毫不动摇"方针，第一次将"毫不动摇巩固和发展公有制经济""毫不动摇鼓励、支持、引导非公有制经济发展"写入法律；三是明确市场与政府的协同关系，充分发挥市场在资源配置中的决定性作用，更好发挥政府作用，为民营经济发展提供机制保障。

● **典型案例**[①]

1. 重庆某实业（集团）有限公司与重庆某基金管理有限公司股东知情权纠纷案［重庆法院民营经济司法保护典型案例（第十二批）之九］[②]

原告重庆某实业（集团）有限公司（系民营企业，以下简称某实业公司）与重庆市某经贸（集团）有限公司（系国有企业）于2014年共同发起设立被告重庆某基金管理有限公司（以下简称某基金管理公司），注册资本1亿元。某基金管理公司章程记载股东享有的权利包括：查阅公司会计账簿，查阅、复制公司章程、股东会会议记录、董事会会议决议、监事会会议决议和财务会计报告。2019年2月、4月及7月，某基金管理公司通过某小贷公司向某基金管理公司

---

① 本书"典型案例"部分适用的法律法规等条文均为案例裁判当时有效，案例收录时略有修改，下文不再对此进行特别提示。

② 参见《重庆法院民营经济司法保护典型案例（第十二批）》，载重庆市高级人民法院微信公众号，https://mp.weixin.qq.com/s/-uwyiOvEwZaPIvh4FH6IbQ，发布时间：2024年11月8日，最后访问时间：2025年5月6日。下文同一出处案例不再提示。

间接持股的某置业公司,以委托贷款方式对外出借三笔款项,金额分别为6000万元、500万元、1000万元。某实业公司以上述委托贷款中2600万元逾期未归还严重危及公司及股东权益为由,向某基金管理公司书面请求查阅相关的董事会决议、股东会会议记录及财务凭证等,但未获回复。遂向法院提起股东知情权之诉。

人民法院经审理认为,依照《公司法》及相关司法解释的规定和案涉公司章程约定,某实业公司作为某基金管理公司的股东享有股东知情权,有权对公司的经营行为进行监督、提出建议或者质询。某基金管理公司采取委托贷款形式对外出借7500万元,出借资金占注册资本的75%,且部分款项逾期未归还,影响某实业公司的股东权利实现,故某实业公司有权按程序对前述款项的出借、收回情况进行查阅,遂判决支持某实业公司合理诉请。某基金管理公司不服一审判决,提起上诉。二审法院判决驳回上诉,维持原判。

本案系人民法院依法保护混合所有制企业中民营企业股东行使股东知情权的典型案例。积极发展混合所有制经济,是基本经济制度的重要实现形式,有利于国有经济、私营经济等取长补短、相互促进、共同发展。股东知情权行使是其他股东权利得以实现的前提。本案中,人民法院在查明事实基础上,判决支持某实业公司查阅相关董事会决议、股东会会议记录及财务凭证等诉请,保障股东知情权行使,是坚持和落实"两个毫不动摇",依法平等保护混合所有制企业中民营企业股东行使权利的具体体现。本案的妥善处理,对于健全混合所有制企业治理以及打造公平竞争环境具有积极意义。

2. 某建设投资发展公司与某海洋开发公司、某投资控股公司合同纠纷案［天津三中院发布司法服务保障民营经济典型案例（主题一）之一］①

2012年3月12日，某海洋开发公司作为发包人与承包人某航道局公司、某海洋工程技术公司签订《BT合同》，约定承包人对建设项目进行投资和建设。某建设投资发展公司（民营企业）与某海洋开发公司签订《投资协议书》，约定某建设投资发展公司负责按照《投资协议书》和《BT合同》的约定向发包人提供项目投资款，投资本金和投资回报应在工程竣工验收后两年内分四次偿还，逾期还款除继续计算投资回报外，还由发包人赔偿迟延支付期间的资金成本。后某投资控股公司向某建设投资发展公司出具《付款担保函》，同意为某海洋开发公司就上述《BT合同》项下《投资协议书》约定的全部付款义务提供连带责任付款保证。某建设投资发展公司依约向某海洋开发公司投资，涉案工程完成竣工验收后，某海洋开发公司未按照《投资协议书》约定的时间节点向某建设投资发展公司分期履行付款义务，而是分六次向某建设投资发展公司付款，其中第二次、第四次、第六次为使用远期银行承兑汇票支付，无论采取按期承兑还是票据贴现方式，均存在额外成本损失，故成诉。

法院认为，某海洋开发公司应当按照《投资协议书》约定期限履行付款义务，而某海洋开发公司的部分付款义务系以远期银行承兑汇票方式履行，在损害某建设投资发展公司利益的情况下获得期限利益，故某海洋开发公司以远期银行承兑汇票付款的行为，其实质等同

---

① 参见《三中院发布司法服务保障民营经济典型案例（主题一）》，载天津三中院微信公众号，https://mp.weixin.qq.com/s/6YsmTdrcF2vhUG9KPcEaaQ，发布时间：2023年9月25日，最后访问时间：2025年5月6日。

于迟延付款。而某海洋开发公司、某投资控股公司对于某建设投资发展公司因接收远期银行承兑汇票后变现过程中存在额外成本损失是明知的，也曾明确作出予以合理补偿的意思表示，现在本案诉讼中予以否认，有违诚实信用原则。综合上述分析，某海洋开发公司应当对某建设投资发展公司因接受远期银行承兑汇票付款而发生的必要且合理的损失予以弥补。

本案是人民法院践行对各种所有制经济平等保护的典型案例。涉案国有企业在履行付款义务上两次违约，在合同付款期限届满时，以远期银行承兑汇票付款，获得期限利益，在明确作出予以合理补偿的意思表示后又予以否认，需向民营企业支付超千万违约金，涉案标的额巨大。本案判决国有企业承担违约责任，既强化了民营经济发展的法治保障，为民营经济发展营造良好稳定的预期，同时亦引导各类所有制企业诚信践诺，尊重市场规则和合同约定。

3. 周某诉某市监局行政处罚决定案[上海法院依法平等保护促进民营经济发展 营造良好法治化营商环境的典型案例（第六批）之七][①]

某资产管理公司系民营小微企业，为了享受税收优惠政策，该公司于2018年申请办理注册地迁移。由于缺乏相关经验，该公司从原注册地迁出后始终未能迁入其他注册地，公司公章等资料也在迁移办理过程中遗失，公司也因此无法正常经营。2020年10月，该公司申请注销，在成功办理税务注销后，原注册地市场监管部门认为其已从管辖区域内迁出，故没有为该公司办理工商注销，该公司也因注销未

---

① 参见《上海法院发布第六批典型案例：依法平等保护促进民营经济发展营造良好法治化营商环境》，载上海高院微信公众号，https://mp.weixin.qq.com/s/aBKhAl3oNH5ZpX7vVpFWtA，发布时间：2025年3月26日，最后访问时间：2025年5月6日。下文同一出处案例不再提示。

完成而无法再行注册。2023年2月21日，该公司原注册地市监局以"开业后自行停业连续六个月以上"为由，决定对其处以吊销营业执照的行政处罚。该公司法定代表人周某不服，认为其公司停业连续六个月以上系由客观上的经营不能所致，诉至法院要求撤销上述处罚决定。

法院认为，该公司已办理税务注销，确实存在客观上经营不能的情况，不存在连续停业的主观故意。另外，虽然该企业客观上已经迁出，但工商登记材料仍在该市监局处，目前只有该市监局能够为该企业办理工商注销，注销职责仍应由其履行。在法院的协调下，周某与某市监局达成了撤销处罚决定、办理注销手续"两步走"的协调化解方案，在法院的跟进和督促下，协调化解方案顺利落实，周某亦向法院申请撤回起诉。

党的二十届三中全会决定强调，要坚持致力于为非公有制经济发展营造良好环境和提供更多机会的方针政策，完善市场准入制度和企业退出制度。实践中，一些民营小微企业由于对法律法规缺乏了解、经营管理经验不足，面临着"入市"容易"退市"难的问题。本案中，法院结合案情积极协调化解，在行政机关的积极回应下，共同实现让企业既能依法"入市"，也能便捷"退市"的良好效果。本案的处理对营造非公有制经济发展良好环境，持续帮扶小微企业，完善规范化便利化市场准入和退出机制具有实践意义。

● 相关规定

《宪法》第6条、第7条；《民法典》第206条

第三条　民营经济的定位及工作方针

民营经济是社会主义市场经济的重要组成部分，是推进中国式现代化的生力军，是高质量发展的重要基础，是推动我国全面建成社会主义现代化强国、实现中华民族伟大复兴的重要力量。促进民营经济持续、健康、高质量发展，是国家长期坚持的重大方针政策。

国家坚持依法鼓励、支持、引导民营经济发展，更好发挥法治固根本、稳预期、利长远的保障作用。

国家坚持平等对待、公平竞争、同等保护、共同发展的原则，促进民营经济发展壮大。民营经济组织与其他各类经济组织享有平等的法律地位、市场机会和发展权利。

● *典型案例*

1. 重庆某药业有限公司与北京某制药有限公司技术转让合同纠纷案［重庆法院民营经济司法保护典型案例（第十二批）之一］

北京某制药有限公司（以下简称北京某公司）与重庆某药业有限公司（以下简称重庆某公司）于2016年7月31日订立《药品生产技术转让合同》，约定北京某公司向重庆某公司转让其名下消癌平胶囊、消癌平片、健肝灵片的生产技术、知识产权，因违约事实对另一方造成损失的，违约方需承担违约金100万元。合同履行中，北京某公司成功转让消癌平胶囊、消癌平片，但在健肝灵中成药片剂这一品种上，因北京某公司研发人员将中药材原料"五味子"错误记录为"五味子种子"，导致重庆某公司不能成功压片，因而构成根本违约。重庆某公司向一审法院起诉请求北京某公司赔偿违约损失100万元。为证明其主张的合理性，重庆某公司举示了共计518260元的中药材采购发票及药品注册费等费用票据，其中采购五味子1280公斤、灵芝2250公斤，并称为满足《药品技术转让注册管理规定》第11条所要求的批生产次数，其在三次大规模药品批生产中已将中药原材料消耗完毕。一审法院根据重庆某公司举示的采购发票、费用票据等作出判决，酌情调整违约金为70万元。北京某公司不服，上诉称一审判决的违约损失费用畸高于重庆某公司实际损失。经二审法院审理查明，重庆某公司所采购中药原材料中，有980公斤五味子、1200公斤灵芝发生在合同订立之前，另重庆某公司虽辩称没有经过药品试制、规模放大过程而直接进行批生产，但在其所称的药品批生产当中并无生产领用凭证。

  二审法院经审理认为，一是技术转让合同订立之前，重庆某公司采购了大量中药原材料，但其既不能证明该交易准备行为具有商业合理性，又不能证明在合同订立之时已将该类费用向北京某公司进行披露，基于"无信赖即无支出"的原则，北京某公司无须承担该项合同目的落空的费用。二是合同履行过程中，重庆某公司虽主张在无领用凭据的前提下将全部已采购中药原材料计入违约损失范围，但按照权责发生制会计学原理，药品试制或规模化生产过程中，企业均应提供原材料收、发明细账目以从原材料采购所属的"资产类"科目结转为成本费用所属的"损益类"科目，守约方仍需承担前述阶段发生损失费用的证明责任。三是根据制药行业药品工艺验证标准流程，试制成功之后方适合规模放大，最后过渡到规模化生产，因此重庆某公司关于药品试制、规模放大、批生产可以并行的辩称不符合制药行业客观规律。四是重庆某公司称已进行过三次均失败的大规模批生产活动，但根据相关生产习惯和管理制度规范，前述活动既违反合同减损义务，又无现实经济意义，相关损失费用即使属实，也应由其自行承担损失扩大部分的费用。二审法院综合违约方合理预见规则下的损失费用以及基于技术转让费、行业平均净利率等因素计算出的预期可得利益，改判北京某公司向重庆某公司支付违约金33.5万元。

　　本案系技术交易合同违约损失精准裁量典型案例。一方面，技术交易合同具有履约标的高度专业、履约过程复杂、履约周期长等特点，因此，对合同守约方风险"敞口"弥补以及违约方合理预见限度的科学判定与精准裁量，一直是该类技术转让合同纠纷案件审理的难点。另一方面，随着我国经济增长方式迈向创新驱动，技术交易将变得越发频繁，而影响企业技术投资扩张的一大因素是交易行为预见性的匮乏。本案创新性地以技术交易商业合理性判断为中枢，对违约损失分配的系统裁判规则进行了有益探索，在增强技术交易稳定性、提升技术交易效率等方面对相关市场活动主体具有指引价值，平等保护了各方民营企业合法权益。

2. 重庆某建设集团有限公司与重庆某产业投资有限公司建设工程施工合同纠纷案［重庆法院民营经济司法保护典型案例（第十二批）之三］

　　2011年10月，重庆某产业投资有限公司（以下简称某产投公司）将联合坝公共租赁住房及配建廉租房项目6、7号楼项目工程对外招标。重庆某建设集团有限公司（以下简称某建设公司）成功中标，并向重庆市万州区公共资源综合交易中心缴纳工程综合服务费5.8万元和招标代理费2万元。双方签订《建设工程施工合同》后，某建设公司立即组建工程项目管理部及劳务班组，并将项目人员名单告知某产投公司。因案涉项目所属地块在滑坡治理过程中出现重大滑坡险情，地块用地性质由二类居住用地调整为一类工业用地，导致双方签订的《建设工程施工合同》无法实际履行。某建设公司诉至人民法院，请求解除双方签订的《建设工程施工合同》，并要求某产投公司赔偿其招标代理费2万元、工程综合服务费5.8万元以及可得利益损失200万元。一审人民法院判决确认双方解除《建设工程施工合同》，某产投公司返还某建设公司招标代理费2万元、工程综合服务费5.8万元，驳回其主张的预期利益损失的请求。某建设公司不服提起上诉。

二审法院经审理认为，工程施工招标应当具备满足施工招标需要的设计文件及其他技术资料。由于某产投公司考虑不足，在案涉项目地块滑坡治理未完工情形下便进行招投标，未能充分预料到可能存在的地质灾害影响案涉工程施工的不确定性，缺乏前期工作与后续施工之间的建设统筹安排，导致案涉施工合同解除，其存在过错，应当赔偿某建设公司主张的预期利益损失。鉴于《建设工程施工合同》系因土地性质调整而解除，案涉地块存在滑坡的客观实际，同时考虑某建设公司承接案涉工程后未实际进场施工，亦没有缴纳履约保证金的事实，结合近年来建筑行业的平均产值利润率，改判支持某建设公司主张的可得利益损失36.7万元。

本案系人民法院依法保护民营企业合理预期利益的典型案例。法治是最好的营商环境，人民法院应全面贯彻依法平等保护原则，弘扬诚实守信经营的法治文化，切实维护民营企业合法权益，提振民营企业发展壮大的信心决心。本案中，被告作为政府平台公司，在案涉项目地块滑坡治理尚未完工情形下便对外招投标，导致原告公司中标后长达十余年不能履行合同。原告公司作为守约方，在订立合同时能够预见履行合同的合理收益，其主张的可得利益损失应依法获得支持。人民法院坚持依法公正裁判，平等保护国有企业和民营企业权益，确保主体平等、权利平等、机会平等，为优化法治化营商环境发挥司法保障作用，护航民营经济高质量发展。

3. 重庆某建筑工程有限公司与重庆巫山某产业发展有限公司建设工程合同纠纷案［重庆法院民营经济司法保护典型案例（第十二批）之五］

原告重庆某建筑工程有限公司（系民营企业，以下简称某建筑公司）与案外人组成联合体，与被告重庆巫山某产业发展有限公司（系国有企业，以下简称某产业公司）共同签订《EPC总包合同》，约定由某建筑公司承包巫山县某乡村振兴示范点项目，工期为180天。项目于2020年4月19日正式开工，施工期间，受到阻工、断道等多重因素影响。因案涉项目系县级重点项目，某产业公司及其主管部门多次指示某建筑公司增派施工人员及增加机械设备进行赶工抢工，确保在6月底全面完成建设，即工期骤减为71天。后某建筑公司按照某产业公司指示组织赶工，于2020年7月5日完成施工，案涉项目于2021年9月13日通过竣工验收，2022年1月7日审定工程总造价。某建筑公司认为该审核金额未包含赶工费，故提起本案诉讼。某产业公司辩称某建筑公司超期5天完成赶工，根据合同不应主张赶工费。后某造价公司受法院委托，就赶工期间、人数、增加的成本等出具鉴定意见。

人民法院经审理认为，根据《EPC总包合同》约定，案涉项目原定工期为180天，而某产业公司后来发出的赶工指令明确的工期比原定工期减少109天，工期压缩比例高达61%，某建筑公司若要完成施工任务必然要加大投入，产生预算外施工费用。某产业公司作为发包方，取得了提前完工的时效利益，理应对某建筑公司为缩短工期而增加的投入进行合理补偿。某建筑公司在工期压缩幅度巨大且施工受阻的情况下全力赶工，若仅以轻微超期为由否认其主张赶工费的权利，则对其极为不公,双方利益失衡明显。故结合鉴定结论,判决某产业公司支付某建筑公司赶工费 409500 元及资金占用损失。宣判后,双方当事人均未上诉,裁判已生效。

本案系人民法院基于公平原则依法保护民营企业合法权益的典型案例。民事主体从事民事活动,应当遵循公平原则,合理确定各方的权利和义务。本案中,某建筑公司作为民营企业,克服重重困难,积极落实合同约定,在工期超常压缩的情况下全力组织赶工,确保乡村振兴示范点项目提前建成并投入使用,一定程度上也尽到了社会责任,在此情况下的轻微超期,于法于理于情应予宽容。对赶工费问题,人民法院综合考量合同条款、公平原则及本案实际情况作出公正处理,为往后合法合情合理办理类似案件,更好地衡平当事人利益和促进民营经济发展提供了实践参考。

4. 某副食经营部诉某乳业销售分公司合同纠纷案(重庆市第三中级人民法院民营经济司法保护典型案例之三)①

2019 年,某乳业销售分公司与某连锁超市签订商品购销合同,约定由某乳业销售分公司向某连锁超市的各个门店出售牛乳制品,按月结清货款。后,该乳业销售分公司与某副食经营部签订《经销商销售协议》,约定由某副食经营部在某区域范围按与某乳业销售分公司合作要求配置资源,为区域内零售店提供牛乳制品。某乳业销售分公司通常与某连锁超市进行结算后,再将货款支付给某副食经营部。

2019 年 4 月至 9 月,某副食经营部预付款项后,按约定向区域内的某连锁超市完成供货。但某超市未向某乳业销售分公司支付货款,

---

① 参见《重庆市第三中级人民法院民营经济司法保护典型案例》,载重庆市第三中级人民法院微信公众号,https://mp.weixin.qq.com/s/7WibvOaf7GcRPr1TpRH47A,发布时间:2024年12月30日,最后访问时间:2025年5月6日。下文同一出处案例不再提示。

某乳业销售分公司提起诉讼，经法院判决某连锁超市应支付包含某副食经营部供货金额在内的货款给某乳业销售分公司。至2022年某乳业销售分公司向某副食经营部告知收款情况以及与某连锁超市诉讼执行和破产重整情况。嗣后，某乳业销售分公司与某副食经营部双方结算确认2019年6月至9月货款金额为三十一万余元。因某乳业销售分公司要求待某连锁超市付款后，才向某副食经营部付款，故某副食经营部诉至法院请求支付货款。

重庆市涪陵区人民法院经审理认为，案涉货款不能及时收回的风险应由某乳业销售分公司承担。某乳业销售分公司虽认为其系代为收取某连锁超市的货款，应当在某连锁超市实际付款后，再将货款支付给某副食经营部。但某连锁超市与某乳业销售分公司直接签订供销合同，订立合同的主体不是某副食经营部，其不享有合同债权。且根据交易习惯，某连锁超市的货款结算义务应由某乳业销售分公司完成，相应的货款不能及时收回的风险亦应由某乳业销售分公司承担。此外，案涉货款在某连锁超市未及时支付货款后，某乳业销售分公司对案涉货款的结算、催收、诉讼、执行、债权申报等均由某乳业销售分公司自行独立完成，其以行为表明案涉货款系其应收账款，是案涉货款的权利主体。故法院判决支持某副食经营部诉讼请求。

一审判决宣判后，某乳业销售分公司不服，提起上诉。重庆市第三中级人民法院经审理后判决：驳回上诉，维持原判。

本案系人民法院正确区分合同主体，依法平等保护民营企业的典型案例。司法实践中，部分企业往往凭借自身优势地位，将经营风险转嫁给合同相对方或第三方，以此规避风险，此行为可能破坏市场运行秩序。本案中，在双方交易期间，作为国有企业的某乳业销售分公司既要求民营企业预付货款后才进行供货，又要在其对外收回货款后再与民营企业进行货款结算；对货款收回不能时，既未在主张权利、处置资产时告知民营企业收款情况，又在出现风险责任承担时，试图将货款收回不能的风险转嫁至民营企业，该行为与诚信原则相悖，亦不利于市场交易活动的顺利进行，不能得到司法的支持和保护。

5. 某投资公司与甲集团等合伙协议纠纷案（江苏法院助力民营经济高质量发展典型案例之二）[①]

2017年11月，某民营企业投资公司与国有企业甲集团等设立合伙企业A投资中心；同月，投资公司与国有企业乙集团设立合伙企业B投资中心，投资公司均为两中心的普通合伙人，甲、乙集团分别为有限合伙人，两投资中心募集规模均为30余亿元。2018年8月，甲集团，A、B投资中心等共同设立C公司，拟运营某投资项目。2020年5月，该项目终止运营。2021年2月，甲集团召开临时合伙人会议，形成决议，将投资公司从A投资中心除名。投资公司遂向一审法院起诉，请求确认该除名决议无效。

一审法院判决驳回了投资公司的诉讼请求。二审法院经审理发现，在本案诉讼之前，因投资项目终止，投资公司已提起要求甲、乙集团承担违约责任、履行出资义务的诉讼，后甲、乙集团分别又提起解散A、B投资中心等诉讼，各方在省内外三级法院暂计有八起诉讼尚在审理，本案仅为纠纷中的一节，若不从根源上化解，矛盾还会进一步激化。二审法院遂召集各方多次协商，经确认，案涉项目已无盈利可能，继续存续只会给投资人造成更多损失，解散投资中心是最优选项。在深入分析释明后，投资公司同意解散投资中心并接受调解。

[①] 参见《省法院发布 | 江苏法院助力民营经济高质量发展典型案例》，载江苏高院微信公众号，https://mp.weixin.qq.com/s/NvAK478b23T5sRuj3aSG9Q，发布时间：2023年9月28日，最后访问时间：2025年5月6日。下文同一出处案例不再提示。

调解中，法院关注到各方系不同所有制主体，基于公平原则，充分考虑各方投资的实际损失以及预期利益，建议在投资公司收回前期投入的基础上，形成由甲、乙集团给予适当补偿，A、B投资中心所有剩余财产分别归甲、乙集团所有的处置方案。最终历经十余次磋商，各方达成了一揽子调解方案，因案涉投资协议产生的纠纷终于全部了结。

本案系人民法院平等保护民营企业合法权益，实质性化解矛盾纠纷的典型案例。本案中，案涉一方当事人为国有企业，在案涉项目终止、已产生亏损的情况下，其希望解散合伙企业及时止损；另一方当事人是具有基金牌照专门从事基金投资的民营企业，认为合伙协议约定的合伙期限尚未届至，其按约每年可以取得固定管理费及投资收益，不同意解散合伙。在当事人自愿的基础上，二审法院围绕"平等保护、公正处置"的思路，有针对性地把双方的交易成本、经营风险识别等纳入调解考量因素，最终促成各方当事人达成调解协议，一揽子解决了各方之间的诸多矛盾纠纷。通过调解，既减少了国有资产损失，又维护了民营企业的合法收益，还使得双方之间因案涉基金投资产生的所有纠纷得到了全部化解，实现了法律效果和社会效果有机统一。

6. 某重工物资公司与某贸易公司企业借贷纠纷案（山东高院发布服务保障民营经济高质量发展十大典型案例之五）①

2017年10月，甲公司与某贸易公司签订铁矿石买卖合同一份，约定贸易公司购买FMG块16万DMT，单价暂定为335.71元/吨，合同签订后，贸易公司向甲公司支付保证金6478058.88元。2018年1月，某重工物资公司与乙公司签订《铁矿石采购合同》一份，约定重

---

① 参见《山东高院发布服务保障民营经济高质量发展十条（附全文）和十大典型案例》，载山东高法微信公众号，https://mp.weixin.qq.com/s/VL9vMaXJmTnBbcYdFLiLkw，发布时间：2021年1月8日，最后访问时间：2025年5月6日。下文同一出处案例不再提示。

工物资公司接受乙公司委托，向乙公司指定的供货商甲公司定向采购FMG块矿91314（±10%）湿吨并销售给乙公司，由重工物资公司代乙公司与甲公司签订采购合同，含税单价为282.54元/湿吨，总金额为25799857.56元。乙公司于2018年1月23日前将全额货款的20%（即516万元）作为定金以现款形式支付给重工物资公司。同日，甲公司与某重工物资公司签订铁矿砂买卖合同，约定重工物资公司向甲公司购买铁矿砂（FMG块）91314（±10%）湿吨，含税单价277元/吨，价税合计25293978元。

2018年1月23日，乙公司与某贸易公司签订《铁矿石代理采购合同》一份，约定乙公司接受某贸易公司委托，向某贸易公司指定的供货商甲公司定向采购FMG块矿91314（±10%）湿吨并销售给买方，由乙公司代某贸易公司与甲公司签订采购合同，含税单价为282.54元/湿吨，总金额为25799857.56元；某贸易公司于2018年1月23日前将全额货款的20%（即516万元）作为定金以现款形式支付给乙公司。

上述合同签订后，某贸易公司于2018年1月23日向乙公司付款516万元，同日乙公司将516万元转至某重工物资公司，重工物资公司于2018年1月24日向甲公司付款25293978元，甲公司收款当日向丙公司发出放货通知，要求将拉维尼亚轮FMG块（原矿）91314吨交与某重工物资公司，丙公司出具收货证明和货物港存清单，确认某重工物资公司在日照港存铁矿石91314吨。

日照市东港区人民法院一审认为，某重工物资公司与乙公司于2018年1月19日签订了铁矿石采购合同，甲公司与某重工物资公司于2018年1月19日签订了铁矿砂买卖合同，乙公司与某贸易公司于2018年1月23日签订了铁矿石代理采购合同，三份合同涉及各方当事人之间法律关系的性质及合同效力的判断，应统一整体考量，上述三份合同虽然合同名称不同,但合同标的物均为 FMG 块矿 91314(±10%)湿吨,差别主要在于价款不同且价格明显低于市场价,实际是某贸易公司通过甲公司低价卖出,再通过乙公司高价买回,本质上是某贸易公司以甲公司、乙公司为中介向某重工物资公司借贷资金,贸易公司为实际借款人,重工物资公司为实际出借人,铁矿石采购合同中约定的单价 282.54 元/湿吨与铁矿砂买卖合同中约定的单价 277 元/吨的价差 5.54 元/吨实为利息,因此上述三份合同均无真实的买卖及委托采购意思表示,均应认定无效。合同无效后,因该合同取得的财产应当予以返还。贸易公司要求重工物资公司返还定金 516 万元应予支持。重工物资公司不服,提起上诉。

日照市中级人民法院二审认为,根据一审及二审查明的合同,重工物资公司实际不关注货物本身,并无真实的买卖意图,属垫资型托盘交易。每宗托盘交易均涉及数家公司,由数家公司间数个合同共同完成,每两家公司间的合同都是整个托盘交易其中一个环节,一审对相关合同作统一整体考量并认定合同无效正确。另依据合同法①及银行业监督管理法的有关规定,本案贸易公司与重工物资公司所达成的借贷协议也应认定无效。合同被确认无效后因该合同取得的财产,应予返还,贸易公司请求返还已交付的 516 万元应予支持。故判决驳回上诉,维持原判。

某重工物资公司是国有企业,某贸易公司是民营企业。垫资型托盘交易中,买方一般都是缺少资金而又难以获得融资的民营企业,托盘方一般都是大中型国企,个别国企利用其获取银行贷款和资金充裕的优势从事托盘业务,长期、多次、经营性从事托盘交易,向社会不特定对象提供融资服务,并以此获取收益,属于擅自从事金融业务活

---

① 随着《民法典》的实施,《合同法》等同时失效,下文不再提示。

动，具有"影子银行"和贷款通道性质，规避了国家金融管制，放大了金融风险，危害金融安全，损害社会公共利益。在企业借贷纠纷案件中，许多名为买卖或代理采购合同，实为借贷合同，人民法院要明确当事人的真实意思表示，须正确、全面判断各方当事人之间的交易关系、合同性质及效力问题，这直接决定案件性质、法律关系的准确把握。本案通过查明真实法律关系，对国有企业和民营企业一视同仁、平等对待，通过司法手段避免了因大中型国企违反金融监管秩序而对本就资金困难的民营企业所造成的损害，维护了民营企业的合法权益，营造了公平公正的法治环境。

● **相关规定**

《宪法》第11条；《优化营商环境条例》第9条；《公平竞争审查条例》

第四条　管理体制

国务院和县级以上地方人民政府将促进民营经济发展工作纳入国民经济和社会发展规划，建立促进民营经济发展工作协调机制，制定完善政策措施，协调解决民营经济发展中的重大问题。

国务院发展改革部门负责统筹协调促进民营经济发展工作。国务院其他有关部门在各自职责范围内，负责促进民营经济发展相关工作。

县级以上地方人民政府有关部门依照法律法规和本级人民政府确定的职责分工，开展促进民营经济发展工作。

● **相关规定**

《中小企业促进法》第5条；《优化营商环境条例》第5条

第五条　民营经济组织及其经营者

民营经济组织及其经营者应当拥护中国共产党的领导，坚持中国特色社会主义制度，积极投身社会主义现代化强国建设。

国家加强民营经济组织经营者队伍建设，加强思想政治引领，发挥其在经济社会发展中的重要作用；培育和弘扬企业家精神，引导民营经济组织经营者践行社会主义核心价值观，爱国敬业、守法经营、创业创新、回报社会，坚定做中国特色社会主义的建设者、中国式现代化的促进者。

第六条　民营经济组织及其经营者的义务

民营经济组织及其经营者从事生产经营活动，应当遵守法律法规，遵守社会公德、商业道德，诚实守信、公平竞争，履行社会责任，保障劳动者合法权益，维护国家利益和社会公共利益，接受政府和社会监督。

● **典型案例**

1. 重庆某食品公司诉何某某劳动争议案（重庆市江津区人民法院 2024 年度民营经济保护典型案例之五）[1]

何某某为重庆某食品公司（以下简称食品公司）的财务，其工作职责包括制作员工工资表、社保明细等。何某某知晓食品公司的电脑密码、网银 U 盾密码、各类账户密码等。吕某某和杨某分别为食品公

---

[1] 参见《重庆市江津区人民法院 2024 年度民营经济保护典型案例》，载重庆江津法院微信公众号，https：//mp.weixin.qq.com/s?__biz=MzA5MzY3NzkyOA==&mid=2653479677&idx=1&sn=e56570f37a8fea983906165c37d88a56&chksm=8a943c6a606f9fdba8de2f9075c9c04ae2655507e3d153b8ca4aa6a4d5eaa9a0a9255b35e1c7&scene=27，发布时间：2024 年 9 月 30 日，最后访问时间：2025 年 5 月 6 日。

司的法定代表人和股东。2023年2月24日上午，何某某在工作期间通过办公座机接到陌生电话，对方自称银行工作人员并提醒年检食品公司的银行账户。挂断电话后，何某某添加其为QQ好友，随后何某某的QQ多了一个名为"重庆某食品公司"的QQ群，该群共四人，其中两人备注为"吕某某""杨某"。何某某进入该群后，其中备注名为"吕某某"和"杨某"的两人在交谈工作，之后备注为"杨某"的人要求何某某查看食品公司的银行账户是否正常、查看银行账户的余额，并且以有笔客户款需要支付为由要求何某某加急转账，于是何某某通过食品公司的网银向案外人"李某"转账143000元。转账后何某某接到真正的杨某电话，随即发现自己被骗，于是报警称自己被诈骗143000元，该刑事案件在侦办中。食品公司认为何某某的转账行为给公司造成重大损失，属于侵权行为，请求法院判令何某某赔偿食品公司143000元。

重庆市江津区人民法院经审理认为，劳动者在提供劳动的过程中，因为自身过错，导致用人单位遭受损失的，应向用人单位赔偿。对于责任大小，在劳动合同没有约定以及规章制度无明确规定的情况下，应当综合考虑用人单位经营风险、劳动者和用人单位的过错程度、损失大小、劳动者的收入等因素确定。本案中，一方面何某某在履行职务的过程中存在的过错已经达到应当承担相应赔偿责任的程度，另一方面食品公司对员工履职管理监督不严、财务管理制度不完善，食品公司亦存在重大过错。综合考虑何某某和食品公司各自的过错程度，以及双方对风险及损失的分担能力等，酌定何某某赔偿食品公司35000元。宣判后，双方当事人均未提出上诉，该判决已发生法律效力。另外，江津区法院联合江津区工商联等单位走进工业园区，就企业财务、劳动用工等问题进行法治宣传和讲座。

本案系劳动者被电信诈骗后依法承担用人单位部分损失的典型案例。劳动者在提供劳动的过程中，应当按照法律法规、单位规章制度审慎履行工作职责，因为自身重大过错，导致用人单位遭受损失的，应向用人单位赔偿。本案特殊之处在于诈骗刑事案件"尚未侦破"，民事案件"先行赔偿"。本案裁判所认定的劳动者责任不仅与劳动者过错大小、工资收入水平相适应，还考虑用人单位与劳动者各自承担风险的能力，充分保障劳动者和企业的合法权益，在"小案"中体现了"大民生"。同时人民法院以小案为突破口，将平等保护民营企业合法权益贯穿于判前判后，为不断规范民营企业生产经营，提升防范风险能力，营造良好的营商环境和就业环境提供有力法治保障。

2. 重庆某科技公司诉李某兵劳动争议案（重庆市江津区人民法院2024年度民营经济保护典型案例之六）

2020年12月1日，重庆某科技公司（以下简称某科技公司）与李某兵订立劳动合同，约定李某兵承担研发工作，合同期限3年；离职应当办理工作交接手续，交还工具、技术资料等，造成损失应当据实赔偿等内容。2022年2月15日，李某兵向某科技公司提出辞职后随即离开，且拒不办理工作交接手续。某科技公司通过启动备用方案、招聘人员、委托设计等措施补救研发项目，但因研发设计进度延误、迟延交付样机，向第三方承担了违约责任。某科技公司向某劳动人事争议仲裁委员会申请仲裁，要求李某兵赔偿损失等。某劳动人事争议仲裁委员会不予受理。某科技公司遂起诉请求法院判令李某兵赔偿公司相应损失，并返还其在公司工作期间完成的全套研发设计资料。

重庆市江津区人民法院经审理认为，劳动合同解除或者终止后，劳动者应当按照双方约定，办理工作交接手续。劳动者未履行前述义务给用人单位造成损失的，应当承担赔偿责任。李某兵作为某科技公司的研发人员，未提前三十日通知某科技公司即自行离职，且拒绝办理交接手续，其行为违反了《劳动合同法》第37条"劳动者提前三十日以书面形式通知用人单位，可以解除劳动合同"的规定，应当按照第90条有关劳动者赔偿责任的规定对某科技公司的损失承担赔偿责任。综合考量李某兵参与研发的时间、离职的时间、本人工资水平等因素，遂判决李某兵赔偿某科技公司损失50000元。宣判后，李某兵提起上诉。重庆市第五中级人民法院判决驳回上诉，维持原判。

本案是人民法院依法保护民营企业合法权益，维护民营企业正常生产、经营、研发秩序的典型案例，同时也是最高人民法院发布的劳动争议典型案例。党的二十大报告在"完善科技创新体系"部分提出，"坚持创新在我国现代化建设全局中的核心地位"。创新是企业应对市场竞争的关键，研发人员又是企业创新的命脉。研发人员掌握着项目重要资料，主动解除劳动合同时，应秉持诚信原则，遵守劳动合同约定和法律规定，提前通知用人单位，办理交接手续，便于用人单位继续开展研发工作。本案中，人民法院在劳动者拒不履行工作交接义务给用人单位造成损失的情况下，依法判令其承担赔偿责任，为中小型民营企业的科技创新提供优质的法治保障。

3. 唐某某、刘某某等17人与重庆某实业有限公司劳动争议系列案 [重庆法院民营经济司法保护典型案例（第十二批）之十]

重庆某实业有限公司（以下简称某实业公司）系一家位于工业园区内重点民营企业。因货款回收困难等原因，自2024年1月起无法按时发放劳动者薪资，当年6月大批员工离职。离职员工就欠付薪资、销售提成以及解除劳动合同经济补偿等与公司签订了确认单。因某实业公司没有按照确认单履行支付义务，离职员工遂向区劳动仲裁委申请劳动仲裁，区劳动仲裁委成功调解50余件仲裁案件，相关员工在达成调解协议后均返回公司继续上班。另有17名离职员工因无法与公司达成调解协议遂诉至法院，请求判决某实业公司支付拖欠的工资、经济补偿金共计101万余元，并申请了诉前财产保全措施，法院依法冻结了公司的银行账户，查封了厂房、宿舍楼等财产。

人民法院收到该批案件后，考虑到涉及劳动者人数较多，社会影响较大，迅速与区劳动仲裁委取得联系，在了解相关案件仲裁调解情况后，对案情进行梳理分析、逐个研判，明确案件争议焦点和处理思路。立案受理次日，协调区劳动仲裁委、区总工会、园区管委会及社区等部门单位共同前往企业了解纠纷起因、企业现状等情况，组织劳资双方座谈并开展联合调解。通过耐心解释相关法律规定及类案审判实践，引导企业从长远发展角度处理纠纷，同时劝解劳动者放下心结，与用人单位共渡难关，最终促成双方达成调解协议，企业分期支付劳动者经济补偿，劳动者继续在企业工作。调解协议达成后，劳动者立即申请解除企业被查封冻结的财产。该系列案件用时9天得以实质化解。

本案系人民法院畅通仲裁诉讼衔接程序，联动调处民营企业群体性劳资纠纷的典型案例。人民法院联合区劳动仲裁委在深入研判案情并充分考虑企业实际经营困难的基础上，联动区总工会、园区管委会等部门单位开展调解工作，通过耐心细致释法说理、沟通引导，最终促成劳资双方达成分期支付经济补偿金的调解协议。调解协议达成后，劳动者返回工作岗位，企业恢复正常生产经营秩序，实现了用人单位和劳动者权益的双向保护。该系列劳动争议案件妥善解决，帮助困难企业渡过生存发展的关键期，为民营经济的稳定发展提供了有力的司法保障，也为群体性劳动争议多元化解提供了有益借鉴。

● *相关规定*

《劳动法》第4条；《民法典》第7条

第七条　工商业联合会发挥作用

工商业联合会发挥在促进民营经济健康发展和民营经济人士健康成长中的重要作用，加强民营经济组织经营者思想政治建设，引导民营经济组织依法经营，提高服务民营经济水平。

● *条文注释*

工商联作为党和政府联系民营经济的桥梁纽带，其作用需通过立法进一步强化。本条明确了工商业联合会在促进民营经济发展中的职能定位，要求其发挥在促进民营经济健康发展和民营经济人士健康成长中的重要作用，为工商联服务民营经济提供了法律依据。

● *相关规定*

《中国工商业联合会章程》第1章

第八条　社会支持

加强对民营经济组织及其经营者创新创造等先进事迹的宣传报道，支持民营经济组织及其经营者参与评选表彰，引导形成尊重劳动、尊重创造、尊重企业家的社会环境，营造全社会关心、支持、促进民营经济发展的氛围。

● **典型案例**

某新材料公司与夏某损害公司利益责任纠纷案（广东法院服务保障民营经济高质量发展十大典型案例之二）[①]

夏某为民营企业某新材料公司主要股东及法定代表人。夏某任职期间，为新材料公司租用厂房且装修后出租。后夏某将其全部股份转让，对新材料公司的所有资产账务进行全面清算后退出公司经营。股权变更后，新材料公司认为，夏某租用厂房时投入的装修费用与收取的租金不成比例，要求其赔偿损失。

广州市花都区人民法院生效判决认为，公司法定代表人履行职务时违反法律、行政法规或公司章程的规定，给公司造成损害的，应承担赔偿责任，但合理职务行为应当免责。新材料公司承租场地时对夏某支付并报销装修费用的情况知悉且当时未提出异议；夏某退出公司时，在新股东的参与下共同对新材料公司的财产账务进行了全面清算。现新材料公司未能证明夏某利用装修谋取私利，故判决驳回全部诉讼请求。

企业转型发展当中新旧股东交替容易引发矛盾。本案准确区分企业家个人行为和职务行为，认定企业家正当合理职务行为免责，避免企业家因正当履行职务行为承担法律风险，为企业家安心经营、放心投资、专心创业提供了可预期的法治化营商环境。

● **相关规定**

《优化营商环境条例》第 50 条

[①] 参见《广东法院服务保障民营经济高质量发展十大典型案例》，载广东法院网，https://www.gdcourts.gov.cn/gsxx/quanweifabu/anlihuicui/content/mpost_ 1155558.html，最后访问时间：2025 年 5 月 6 日。下文同一出处案例不再提示。

第九条　民营经济统计制度

国家建立健全民营经济统计制度，对民营经济发展情况进行统计分析，定期发布有关信息。

● **相关规定**

《统计法》第 2 条；《中小企业促进法》第 6 条；《政府信息公开条例》第 19 条

第二章　公平竞争

第十条　市场准入

国家实行全国统一的市场准入负面清单制度。市场准入负面清单以外的领域，包括民营经济组织在内的各类经济组织可以依法平等进入。

● **相关规定**

《中小企业促进法》第 38 条；《优化营商环境条例》第 20 条；《公平竞争审查条例》第 8 条；《国务院关于实行市场准入负面清单制度的意见》；《市场准入负面清单（2025 年版）》

第十一条　公平竞争审查

各级人民政府及其有关部门落实公平竞争审查制度，制定涉及经营主体生产经营活动的政策措施应当经过公平竞争审查，并定期评估，及时清理、废除含有妨碍全国统一市场和公平竞争内容的政策措施，保障民营经济组织公平参与市场竞争。

市场监督管理部门负责受理对违反公平竞争审查制度政策措施的举报,并依法处理。

● **条文注释**

本条旨在通过强化公平竞争审查制度的刚性约束,破除地方保护、市场分割等行政性垄断行为,为民营经济组织营造权利平等、机会平等、规则平等的市场竞争环境,是构建全国统一大市场的关键法律制度保障。一方面,各级人民政府及其有关部门制定涉及经营主体生产经营活动的政策措施,应当经过公平竞争审查。比如,是否违规设置负面清单之外的准入限制、是否限制外地商品服务进入本地市场、是否违法给予特定经营者优惠政策等。另一方面,各级人民政府及其有关部门要定期评估,及时清理、废除含有妨碍全国统一市场和公平竞争内容的政策措施。

● **典型案例**

四川某科技有限公司等涉嫌串通投标案(四川公安发布服务保障民营经济高质量发展十大典型案例之一)[①]

2021年4月,成都市公安局经侦支队会同成华区公安分局经侦大队对四川某科技有限公司等涉嫌串通投标案立案侦查。经查,该案主要嫌疑人李某林自2016年以来,利用四川某科技有限公司等10余家关联公司,先后在多家医疗卫生和疾控系统单位的医疗设备采购项目中采取内外勾结、关联公司围标和技术参数控标等方式串通投标,恶意抬高医疗设备销售价格,非法牟取高额利润,涉案金额3000余万

[①] 参见《四川公安发布服务保障民营经济高质量发展十大典型案例》,载四川省公安厅网站,https://gat.sc.gov.cn/scgat/c103392/2024/1/8/9e6bb5b386f8450eba2d642cd6636ee8.shtml,最后访问时间:2025年5月6日。下文同一出处案例不再提示。

元。2021年11月，专案组成功抓获犯罪嫌疑人15名并移送检察机关审查起诉，同时向纪委监委移送涉嫌违纪违法公职人员6名。目前该案已提起公诉。

该案通过主流媒体向社会发布《关于公开征集招投标违法问题线索的公告》，成功解决案件线索来源难题。成都公安坚持"打击一个、震慑一片、斩断毒瘤、净化行业"的系统思维，有力震慑犯罪、净化市场，达到了法律效果和社会效果的统一，有力维护了政府采购公平竞争的市场秩序，净化了营商环境。

● *相关规定*

《公平竞争审查条例》；《优化营商环境条例》第63条

第十二条 平等使用要素和资源、适用政策

国家保障民营经济组织依法平等使用资金、技术、人力资源、数据、土地及其他自然资源等各类生产要素和公共服务资源，依法平等适用国家支持发展的政策。

● *实用问答*

问：如何理解本条规定的"平等适用"？

答：保障民营经济组织在政策适用上的平等权利，消除所有制歧视，确保民营企业与国有企业、外资企业享有同等的市场待遇。本条规定国家保障民营经济组织依法平等适用国家支持发展的政策，比如专精特新企业培育、数字化转型补贴等方面的产业政策，税收优惠、出口退税等应依照规定普惠适用。

● *相关规定*

《公平竞争审查条例》第3条

第十三条 制定、实施政策措施中平等对待

各级人民政府及其有关部门依照法定权限，在制定、实施政府资金安排、土地供应、排污指标、公共数据开放、资质许可、标准制定、项目申报、职称评定、评优评先、人力资源等方面的政策措施时，平等对待民营经济组织。

● **相关规定**

《宪法》第11条；《行政许可法》第5条；《政府采购法》第5条；《招标投标法》第5条；《优化营商环境条例》第6条、第12条、第13条

第十四条 公共资源交易活动中平等对待

公共资源交易活动应当公开透明、公平公正，依法平等对待包括民营经济组织在内的各类经济组织。

除法律另有规定外，招标投标、政府采购等公共资源交易不得有限制或者排斥民营经济组织的行为。

● **相关规定**

《政府采购法》第3条；《招标投标法》第18条

第十五条 预防和制止垄断、不正当竞争行为

反垄断和反不正当竞争执法机构按照职责权限，预防和制止市场经济活动中的垄断、不正当竞争行为，对滥用行政权力排除、限制竞争的行为依法处理，为民营经济组织提供良好的市场环境。

典型案例

陕西某凤酒公司、陕西某恒酒公司诉陕西某酒公司、四川省某贵酒厂石泉县某商贸有限公司不正当竞争纠纷案（陕西省高院发布7起涉民营经济典型案例之六）[①]

原告陕西某凤酒公司生产的酒是老牌名酒之一，陕西某恒酒公司为该品牌系列酒的开发商和包销商。2017年12月，陕西某凤酒公司将案涉商标在内的系列酒商标授权陕西某恒酒公司使用，并授权其使用案涉酒瓶外观设计专利，同时授权其对侵犯上述著作权及专利权的行为，可以以自己的名义提起诉讼。案涉商标2013年、2016年已被西安市工商行政管理局认定为西安市著名商标，2014年被陕西省工商行政管理局认定为陕西省著名商标。2020年8月12日，原告陕西某恒酒公司在某市公证人员见证下，在被告石泉县某商贸有限公司购买了两瓶白酒，支付价款236元，后经比对，所购白酒与原告生产的案涉酒品整体造型、结构、各部分尺寸及比例相近似，外包装盒色彩搭配、色调、字体排版及大小近似，均采用中间透明、两侧基本不透明的外包装方式，通过透明的外包装，可以看见内部瓶体，二者均由形状相同的瓶颈与瓶盖相连，瓶颈均为细长透明的圆柱形，有环形的金黄色瓶带缠绕，瓶颈的直径、长度与整个酒瓶的比例关系基本相同，瓶盖均采用透明螺旋上升造型，酒瓶的瓶型、大小近似，下方均为球形，外包装盒侧面部分的构图、布局、比例、色调近似。四川省某贵酒厂成立于2000年8月24日，系所购白酒生产方。原告陕西某凤酒

[①] 参见《陕西省高院发布7起涉民营经济典型案例》，载西安市中小企业服务中心微信公众号，https://mp.weixin.qq.com/s?__biz=MzI2MzY4NjY3MQ==&mid=2247631719&idx=8&sn=b7a79beaca705ebcbe668aa33aacda60&chksm=ebd42ebc4c40af3ab2f5951345423c2c0f56a8dc728eae25202b33591c2606ad60e9c6a980da&scene=27，发布时间：2024年10月28日，最后访问时间：2025年5月6日。下文同一出处案例不再提示。

公司、陕西某恒酒公司诉至法院，请求三被告承担不正当竞争行为的相应法律责任。

审理法院认为，原告的相关商标为陕西省、西安市著名商标，其酒瓶设计较为独特，取得了外观设计专利，并有一定影响力，为公众所知悉，在全国范围内具有较高知名度，三被告生产、经营、销售的酒品外包装色彩搭配、色调、字体与原告酒品高度近似，极易引起混淆，根据《反不正当竞争法》第6条第1项、第17条的规定，判决被告立即停止生产并赔偿原告相应经济损失共计310000元。

不正当竞争易扰乱公平竞争的市场经济秩序，削弱和窒息市场竞争机制应有的活力，使企业失去公平竞争的机会，损害其他正当经营者或竞争对手的合法权益，本案对《反不正当竞争法》中"市场混淆行为"的认定具有一定的参考价值。市场混淆行为也被称为欺骗性交易行为或仿冒行为，是指经营者采用假冒或模仿等不正当手段，使其商品、营业或服务与他人的商品、营业或服务相混淆，而导致或者足以导致购买者误认的行为。本案的审理，有力地打击了违法者企图混淆视听，进行"傍名牌""搭便车"的违法行为，展示了人民法院平等保护民营企业，营造良好市场竞争氛围，构建法治化营商环境的现代化司法理念。

● *相关规定*

《反垄断法》第10条；《反不正当竞争法》第4条

第三章 投资融资促进

第十六条　参与国家重大战略和重大工程

支持民营经济组织参与国家重大战略和重大工程。支持民营经济组织在战略性新兴产业、未来产业等领域投资和创业，鼓励开展传统产业技术改造和转型升级，参与现代化基础设施投资建设。

第十七条　投资重点领域

国务院有关部门根据国家重大发展战略、发展规划、产业政策等，统筹研究制定促进民营经济投资政策措施，发布鼓励民营经济投资重大项目信息，引导民营经济投资重点领域。

民营经济组织投资建设符合国家战略方向的固定资产投资项目，依法享受国家支持政策。

第十八条　资产盘活、参与政府和社会资本合作项目

支持民营经济组织通过多种方式盘活存量资产，提高再投资能力，提升资产质量和效益。

各级人民政府及其有关部门支持民营经济组织参与政府和社会资本合作项目。政府和社会资本合作项目应当合理设置双方权利义务，明确投资收益获得方式、风险分担机制、纠纷解决方式等事项。

● **典型案例**

1. 某股份银行支行与某集团有限公司金融借款合同纠纷案（北京金融法院涉民营企业保护典型案例之五）[①]

某集团公司成立于2000年，注册资本10亿元，总部设在北京市，是一家以综合期货业务为核心的大型民营金融服务集团。

2018年，某集团公司与某支行签贷款合同，约定借款4亿元。同日，双方签订《承诺业务协议书》，约定某支行提供约定数额信贷支持及其他金融服务的承诺；某集团公司支付3600万元承诺费。后某支行分两次放款共计4亿元。某集团公司分两次支付承诺费共计2400万元。某集团公司已偿还贷款本金2500万元及部分利息。

2021年，某支行以金融借款合同纠纷为由将某集团公司起诉至北京金融法院，要求判令某集团公司向某支行偿还借款本金37500万元并支付利息等。本案争议焦点之一是某集团公司支付的2400万元承诺费是否属于《民法典》第670条（《合同法》第200条）规定的预先从本金扣除的利息，俗称"砍头息"，以及应否抵扣本金。

北京金融法院经审理作出民事判决，认为某支行在第一笔借款发放后仅一个月就收取承诺费1200万元，在第二笔借款发放当日收取承诺费1200万元，且无证据证明该收费属于中国人民银行准许的收费项目。承诺费在减少实际用资数额的作用上与预先从本金扣除利息相同，因此应当适用相同的处理原则，即应从本金中扣除。北京金融法院认定实际本金数额为37600万元，判决某集团公司偿还本金35100万元并支付利息等。

[①] 参见《北京金融法院涉民营企业保护典型案例》，载北京金融法院微信公众号，https://mp.weixin.qq.com/s/jYNElJxAbxJeto8Oc8uNFw，发布时间：2024年7月11日，最后访问时间：2025年5月6日。下文同一出处案例不再提示。

《中共中央 国务院关于促进民营经济发展壮大的意见》要求加快营造市场化、法治化、国际化一流营商环境，优化民营经济发展环境，使各种所有制经济依法平等使用生产要素、公平参与市场竞争、同等受到法律保护。本案为银行与民营企业因履行金融借款合同发生的纠纷。本案从诚实信用和公平原则出发，认定某银行收取的承诺费不属于中国人民银行相关规定中准许银行在金融借款合同中收取的费用，收取承诺费的效果类似于《民法典》第670条（《合同法》第200条）规定的预先在本金中扣除的利息，即减少了借款人的实际用资数额。因此，相应的承诺费应当在借款本金中予以扣除。北京金融法院对不合理收费说"不"，有效地保护了民营企业的合法权益，缓解了民营企业"融资难""融资贵"的问题。

2. 某财险公司破产重整案（北京金融法院涉民营企业保护典型案例之七）

某财险公司是全国四家互联网保险公司之一，自开业以来累计承保客户超过3000万人、业务合作渠道超过300家，以意外险、健康险、财产险为主要经营险种。因偿付能力无法满足监管要求，触发保险法规定的接管条件，自2020年7月17日起该公司由原中国银行保险监督管理委员会依法实施接管。2022年7月8日，经原中国银保监会许可，该财险公司以不能清偿到期债务且明显缺乏清偿能力，但具有重整价值为由，向北京金融法院申请重整。

2022年7月15日，北京金融法院裁定受理该财险公司的重整申请。2023年1月12日，北京金融法院主持召开第二次债权人会议暨出资人组会议，债权人及出资人全部参会。职工债权组、保单债权组、出资人组均100%全票表决同意重整计划（草案）和出资人权益调整方案，普通债权组以表决同意人数占比96.67%、表决金额占比

99.64%的高票表决通过重整计划（草案），符合企业破产法规定的批准条件。2023年2月24日，北京金融法院根据管理人的申请裁定批准重整计划并终止某财险公司重整程序。经过三个月的执行期，该公司全额清偿各类债权，保护了各方合法权益。2023年5月24日，北京金融法院裁定确认某财险公司重整计划执行完毕并终结重整程序，标志着某财险公司风险处置工作圆满结束。

本案是全国首例保险公司重整案件，首次以市场化、法治化的方式处置保险机构经营危机，为防范化解金融风险提供了强有力的司法助力；同时本案坚持双赢多赢共赢理念，引入民营实体企业作为重整投资人，化解问题金融机构风险，促进了民营实体企业产业布局优化，是金融司法保护民营企业，助推经济高质量发展的有益探索。

市场化助力民营金融机构"转危为安"。本案司法重整在未动用公共资金，未出现风险外溢，国家、人民利益不受损失的情况下，通过市场化法治化方式公开招募引入实体企业投资，用于对该民营财险公司职工债权、保单债权、普通债权等各类债权在重整计划执行期内进行全额现金清偿、调整原股东权益并增加该财险公司的资本金，对该财险公司现有职工进行全员现状承接，公司的治理结构问题得到解决，净资产缺口得以补足，理赔大面积逾期问题得到缓解，保险偿付能力全面达标，流动性危机平稳度过，公司各类风险得到全面有效化解。

"危机"中寻找"生机"，助力民营实体企业产业布局、促进实体产业发展。本案重整以市场化方式引入实体民营车企作为重整投资人，助力民营车企实现实体企业集团旗下产业、上下游垂直生态链网络和新能源汽车产业布局，推进新能源汽车保险业务延伸，进一步提升理赔网络覆盖、多角度全方位为新能源车主提供更好的保险服务。

本案重整化解问题金融机构风险的同时，促进了民营实体企业产业布局优化，进一步扩大了金融与实体的协同效应，为优化市场资源配置、防范化解金融风险、营造法治化营商环境作出了积极贡献。

3. 某银行与某仓储超市公司、李某、杨某借款合同纠纷执行案

(北京金融法院涉民营企业保护典型案例之十二)

2018年，某集团公司及其下属关联企业与某信托公司签订9亿元的信托贷款合同，约定贷款投资于某集团公司体系内科技公司的节能LED照明系统的产品研发，并推动该科技公司上市。合同签订后，某信托公司依约向某集团公司发放贷款9亿元。后某集团公司未能按照合同约定期限偿付本息，触发了双方约定的加速到期条款，信托公司随即宣布上述债务加速到期，并要求债务人提前偿还本息共计11亿元余元。后信托公司将案涉债权转让给某资管公司。故该资管公司将其诉至北京金融法院，请求某集团公司及相关方承担相应的还款责任及担保责任。

在案件审理过程中，承办法官了解到某集团公司曾是荣获"最佳中小企业奖"的民营企业，案涉贷款亦是用于投资该集团公司体系内科技公司的产品研发，但由于近年经营环境恶化，企业遭遇资金链断裂的困境，如果该案败诉，将面临破产危机。在充分听取并全面了解案情背景情况和各方当事人利益诉求后，承办法官认为，该案如果能以调解方式解决，能够更好地避免原被告"双输"的结局，从而达到"双赢"效果。为此，审判团队多次通过线上和线下的方式召集各方当事人谈话，围绕"平等保护，公正处置"的思路，引导各方当事人以通过协商谈判方式高效化解债务纠纷，并有针对性地把双方当事人分批次保全解除、债务重组约定等纳入调解考量因素，指导各方当事人协商解决方案。最终，审判团队通过连续近八个小时的线上调解，

成功促成八方当事人达成近十亿元标的金额的调解协议，一揽子化解了各方当事人的诸多矛盾纠纷。

某银行与某仓储超市公司、李某借款合同纠纷案，聚焦现代农村物流体系建设企业核心诉求，尊重企业家的偿债方案选择，保护弘扬企业家精神，通过处置企业及企业家的非核心资产偿还债务，为民营企业盘活资产、恢复生产经营注入再生动力，实现了"双赢、多赢、共赢"。某仓储超市因农村现代农产品流通体系建设需要流动资金，从某银行借款9670万元。后因客观原因导致超市营业收入断崖式下滑，造成无法按期偿还借款，被法院判决偿还债务本息1亿多元。执行中，法院查封了用于仓储超市经营且抵押给申请执行人的2万多平方米商业用房和作为被执行人的仓储超市实控人李某夫妻名下的两套商铺和两处别墅。

执行中，仓储超市的实控人李某提出了优先以其家庭名下商铺和别墅变价、抵押借款偿债，暂不处置仓储超市房产的偿债方案。执行法官认为，用于超市经营的商业房产无疑是民营企业发挥贯通物流体系全产业链核心功能的核心资产，是保障当地农产品现代流通体系畅通的重要保障，如果被司法拍卖，企业极大可能退出市场，当地已成规模的农产品的流通安全也将受到重大影响，不宜首先处置。而位于北京用于出租的商铺和超出其家庭居住需要的别墅等不动产，属于李某家庭的投资性财产，可以优先用来偿债。在征得某银行同意的前提下，可以由李某和杨某自行处置，或者以查封的财产融资偿债。为在快速实现债权人权益的同时，最大限度保护好民营企业的生存发展需求，有力保障具备救助可能的民营企业回血再生、摆脱困境，执行法官积极做某银行的工作，释明国家的政策导向，希望其支持为李某和杨某变现非核心资产偿债宽限时间；同时，督促李某和杨某提出切实可行的变现方案，争取重新获得某银行的信任。在李某提出自行变现夫妻二人名下商铺，并愿意以其家庭的别墅抵押贷款偿债后，经执行法官反复沟通协调，某银行恢复了对被执行人的信任，与其签署了和解协议。

和解协议履行期间，李某夫妻二人通过快速变卖名下位于北京的两套商铺等方式，全部清偿了欠款本息，其所经营企业的核心资产保住了，企业经营逐渐稳中向好，为当地的经济社会发展注入了生机和活力。

4. 某房地产开发公司破产重整案（山西高院发布优化法治化营商环境典型案例之九）①

某房地产开发公司成立于2015年，其名下主要资产为位于某市核心区域的大型商业综合体。综合体建筑总面积174825.47㎡，分为住宅与商业两个板块，商业板块投入运营后陷入困境，所剩商户寥寥无几，公司出现资金链断裂等问题，债务规模达4.5亿余元。

2024年5月，该公司向人民法院提出破产重整申请，人民法院经与债权人、出资人沟通，了解到该企业具有重整价值及重整可能，为了低成本高效率挽救该企业，同时减少企业直接进入重整程序可能面临重整失败而转入破产清算的不可逆风险，决定启动预重整程序。根据债权人的联合推荐确定临时管理人，经过临时管理人有序开展债权申报、审核、招募意向投资人等工作，同时让企业继续保持自主经营，有效进行债权清收，债务人与债权人、其他利害关系人经充分谈判形成预重整方案，在临时债权人会议上获得通过。经过预重整阶段

---

① 参见《山西高院发布优化法治化营商环境典型案例》，载山西高院微信公众号，https://mp.weixin.qq.com/s/7o-_woxouSQ67WCLC2WhCA，发布时间：2024年12月27日，最后访问时间：2025年5月6日。

的充分准备,人民法院于2024年8月裁定受理该公司的破产重整申请,中止对该公司的执行措施,解除相关财产查封措施,债权人会议迅速表决通过《重整计划草案》后,人民法院依法批准重整计划并终止破产重整程序。职工劳动报酬、税款债权在短期内已经实现全额清偿,工程款优先债权以及50万以下的小额债权六个月内在本金范围内实现全额清偿,普通债权将在六年内实现本金的全额清偿。本案"预重整+重整"历时仅155天,全面盘活公司项目,案涉商业广场现已全面恢复运营。

本案系山西省运用预重整转重整方式成功挽救民营企业的破产典型案例。在预重整阶段,人民法院以适度介入的方式,指导各方主体自主谈判、充分协商,形成预重整方案,将预重整阶段的成果与重整程序无缝衔接,在较短时间内成功实现了外部投资引入、债权人权益保障等多方共赢,有效节约了程序成本,提高了重整效率。本案中,人民法院对陷入困境但仍有发展前景的企业,以存续式重整模式、整体盘活资产的方式进行挽救,是对困境民营企业多元化挽救的有力举措,为房地产领域破产重整,服务保障经济社会高质量发展提供了有益经验。

5. 黄某等申请执行上海某农产品公司房屋租赁合同纠纷系列案件
[上海法院依法平等保护促进民营经济发展 营造良好法治化营商环境的典型案例(第六批)之八]

2004年左右,被执行人上海某农产品公司与上海某公司签订土地租赁合同,其承租了松江的一块约120亩的土地,在此基础上兴建了一个农贸市场,近800多户商家在市场里经营农副产品生意。2017年因经营转型,该市场被关停,商户全部被清退。被执行人作为市场经营管理人,因无力退还已收取的商户租金,由此引发了一系列诉讼,涉案金额累计达 4500 万元。判决生效后，被执行人迟迟未履行生效法律文书确定的义务，197 名商户陆续向法院申请强制执行，要求该公司退还租金并支付相应利息。此外，被执行人在其他法院还有涉及 1.5 亿的债务也进入了执行程序，亦无偿付能力。

执行中，法院联合当地政府，为被执行企业搭建招商平台，不断为其寻找意向投资人，开启债务企业的"重整"之路。在化解债务上，前期，经法院调解，部分申请执行人与被执行人达成协议，通过"以租抵债"方式，打破执行僵局。后期，因新投资方进入，在法院主持下，债权人、债务人、投资人三方签署协议，采取"先小后大、先易后难"的分批分期支付方案，由投资方替被执行人清偿债务，成为企业的唯一债权人。通过对债务的"重整"，在债权人数量上做减法，由原来的"197"变为"1"，有效化解执行矛盾，推动案件实质性进展。在公司股权、管理层面，法院对被执行企业进行"整合"，相关债权人以"债转股"的形式，成为被执行人的新股东，重新分配股权份额，从而消灭了债权债务关系。被执行企业通过"内外重整"，在委托经营期间产生一定收益，既清偿了所有债务，也让企业经营状况逐步好转，197 件案件得到圆满解决。

党的二十届三中全会提出，健全企业破产机制。《中共中央 国务院关于促进民营经济发展壮大的意见》第 4 条明确规定完善市场化重整机制，坚持精准识别、分类施策，积极适用破产重整、破产和解程序。本案系人民法院贯彻落实善意文明执行理念，在执行程序中引入破产程序重整概念，盘活被执行企业的典型案例。本案中，被执行人名下资产难以处置但仍具有经营价值，法院运用"重整式"执行工作方法，因案施策，灵活运用执行手段整合资源，通过债权人、债务人、投资人三方合意，达到债权债务"重整"，助力企业涅槃重生。

"重整式"执行让"债权实现+企业重生"二者兼得,在执行中做到"信用修复+正向激励"双向发力;在执行后做实"执治融合+兜底化解"统筹兼顾,不仅保障了债权人的合法权益,也帮助民营企业摆脱经营困境,促进区域经济发展。

6. 某文化公司破产重整案（上海市青浦区人民法院司法服务保障民营企业健康发展典型案例之十）[①]

某文化公司系股份有限公司（非上市），因不能清偿到期债务且资不抵债，被申请破产清算。经管理人核实某文化公司资产仅3000余元，但债务总额超过3000万元，符合宣告破产情形。欲宣告破产之际，有投资方表达重整意向，本着盘活资产，实现债权人利益最大化的原则，青浦区人民法院最终促成其重整。

针对本案现实情况，继续实施破产清算，势必造成企业主体的消亡，同时也会造成债权人债务无法得到清偿的局面。为加快推进案件进展，青浦区人民法院集思广益探寻各种可行化方案，最终确定可从破产企业本身作为案件审理的突破口。案涉企业系一家专门从事文化艺术品现货交易场所提供及配套服务的股份公司，其所涉经营领域具有较强的准入性、专业性，具备商业价值、运营效益、未来潜力、投资回报等多方面优势。运用破产重整这一路径可引入优质重整投资人投资并重整公司，不仅有助于盘活资产也实现债权人利益最大化。顺着这条思路，青浦区人民法院借助全国企业破产重整案件信息平台发布重整招募公告，有多位投资人向管理人投出重整投资意向的橄榄枝。在对几方投资企业及其方案全面综合评估后，最终确认投资人及

[①] 参见《上海市青浦区人民法院司法服务保障民营企业健康发展典型案例》，载上海高院微信公众号，https://mp.weixin.qq.com/s/9bcavEJ9d3gCbdpvSvA4rA，发布时间：2023年6月15日，最后访问时间：2025年5月6日。下文同一出处案例不再提示。

重整方案，鉴于该方案具有较大的可行性，有利于破产公司盘活资产并清偿债权，故青浦区人民法院裁定对破产公司进行重整、并表决通过重整计划草案。后续，投资人按约如期缴纳全部投资款项，重整程序达到预期目标。

本案是青浦区人民法院处理的一起具有典型意义的破产重整案件。青浦区人民法院集思广益充分衡量破产企业行业价值、潜力，从破产企业本身作为案件突破口，积极引入投资人。投资人按约全部履行重组出资义务，保障债权人利益最大化同时助力破产企业涅槃重生，依托重整投资方的经营理念、管理能力，增强内部企业管理能力、提升外部市场竞争力，真正实现债权人、债务人"双赢"的目标。

同时，投资濒临破产但具有商业价值的企业，投资人亦可在投入资金少、安全性高、程序便利等有力条件支撑下，控制股权、修改公司章程、任命经营高管层人员等取得破产企业的控制权并可通过部署公司经营方针、规划阶段性发展要求等经营管理手段在市场经营获得投资回报。

青浦区人民法院始终坚持因企施策、积极运用破产重整、和解等程序成功帮助企业体制升级，同时运用破产清算程序引导部分僵尸企业有序地退出市场，实现资源优化配置，充分发挥人民法院的规范、引领和保障作用。同时，某文化公司从破产清算转为破产重整，有利于丝绸之路工商焕发活力，实现价值，实现企业的快速稳定发展。

据人民网、新华网等多家门户网站报道，为了更好地推动艺术品交易市场的健康发展，某文化公司已开始面向全国探索中国文物、文化艺术品交易流通的创新发展之路，旨在打造出一家专业、高效、权威的鉴真防伪系统网上交易平台。涉及的项目有古代文物、古玩字画、首饰珠宝、陶艺紫砂、工艺美术、玉石玉器。该交易系统将突破原来封闭、低频次的线下传统活动交易模式，使所有交易得以简便、透明、快捷、高效进行，对民间文物、艺术品交易市场的健康运行具有重要意义。

7. 某集团公司申请置换保全财产案（江苏法院助力民营经济高质量发展典型案例之一）

某集团公司系一家以新能源装备制造为主的民营小微企业。2022年，某投资合伙基金企业因与该集团公司及其子公司发生股权投资回购纠纷，诉请集团公司等支付股权回购款、现金红利及违约金等共计2.1亿余元。投资合伙基金企业同时向法院申请对该集团公司进行诉讼保全。法院在审查投资合伙基金企业提供的诉讼保全担保后，准许投资合伙基金企业的保全申请，遂冻结该集团公司10个银行账户共计150余万元及相关财产。其后，集团公司提出保全异议和置换申请，主张银行账户冻结严重影响公司正常生产经营，长时间冻结还可能导致无法正常归还银行贷款，引发公司资金链断裂风险，提出以关联公司评估价值为4亿元的房产和土地使用权提供担保，账户中已被冻结的款项可以汇入法院相关账户作为担保，希望能够尽快对公司经营需要的银行账户及相关财产予以解封。投资合伙基金企业则表示房产和土地使用权的市场价值并不确定，且变现方式困难，不同意其置换申请。

苏州中院及时组织听证程序并进行了审查，对于集团公司提出的房产和土地使用权权属、价值评估报告、公司股东会决议等进行调查核实；与提供担保的公司股东、法定代表人进行了谈话，审查关联公司提供担保的真实性，确认置换房产和土地使用权的价值远超本案投资合伙基金企业申请保全的金额，遂认定集团公司提出的保全财产置换申请，符合法律规定的"被保全人或第三人提供充分有效担保请求解除保全"，依法裁定予以准许。在查封置换担保的房产和土地使用权后，随即解除对集团公司银行账户及相关财产的查封，集团公司也将账户中被查封的150余万元汇至法院保证金账户。案件审理过程中，在法院主持下，双方当事人达成了分期还款的调解协议，集团公司积极履行调解协议，双方纠纷最终得到妥善化解。

本案系人民法院切实践行善意文明理念，在诉讼保全中依法保护民营企业合法权益的典型案例。诉讼保全是民事诉讼程序的一项重要内容，是申请人确保生效法律文书确定的债权得以实现的重要保护措施。人民法院在采取保全措施时，应兼顾被申请人的合法权益，切实降低保全措施对企业生产经营的不利影响。本案中，人民法院依法全面审查当事人提出的保全置换申请，在保障债权人利益的同时，充分考虑了民营企业经营发展的需要，全面审查置换财产的价值和变现能力，裁定变更保全措施，保障了被申请保全民营企业的正常生产经营，妥善化解了企业债务纠纷，彰显了司法服务保障民营经济发展的温度和力度。

8. 济南某食品有限公司合并破产和解案（山东高院发布服务保障民营经济高质量发展十大典型案例之七）

济南某食品有限公司始建于1981年，主要生产冷冻饮品、糕点等，济南某实业有限公司是该食品有限公司投资的关联企业。经过近40年的发展，两公司成为年生产能力超8万吨，年产值达8亿元，拥有7000家零售网点的行业龙头企业。企业蓬勃发展的同时，积累大量房地产用于经营或出租。后因两公司互保联保、对外担保导致资金链断裂，于2015年底被迫停产。企业资产被多家法院查封冻结，面临拍卖抵偿担保之债的境地，经市政府成立专门清算小组进行清算仍无法解困。2016年9月5日，济南中院裁定受理债权人对两公司的破产清算申请，该案涉及债权人总计840余户，债权总额8.7亿元，其中仅企业向职工、家属及其他个人借款金额即高达5亿余元。进入破产程序前，部分债权人通过各种手段向企业及实际控制人追讨债务，民间矛盾极为尖锐，在社会上造成了广泛的不良影响。

　　针对两公司现实情况，继续实施破产清算，势必造成企业主体的消亡、知名品牌的消失，同时也会导致债权人清偿比率低、职工失业等一系列问题。在充分论证企业资产现状、债权人需求和职工就业等因素后，济南中院经与管理人、企业负责人共同研究，最终确定了两公司合并和解的努力方向，实施"瘦身式和解"方案，即剥离债务人非核心资产，战略性处置两公司不动产用以清偿债务，仅保留核心生产线以保障公司畅销冷食生产销售的核心竞争力，最终实现企业瘦身并摆脱债务泥潭的目的。经共同努力，2017年10月17日，济南中院裁定认可两公司合并和解协议。历时一年一个月，合并和解最终取得成功，实现了840余户债权人权益最大化，保障了职工利益，挽救了知名企业。

　　本案中，济南中院注重运用市场机制、经济手段、法治办法，创新适用破产和解程序，提升企业偿债能力，保存核心生产力，剥离非主营资产，高比例清偿债权，实现了企业整体脱困重生。破产和解程序的适用，能够延续企业文化，保持企业股东、管理层、职工的整体稳定，避免破产重整中新投资者与原企业员员工的基因排异，具有程序便于操作、无须分组表决，司法成本相对较低的优势。该案是关联企业合并破产的有益尝试，也是运用法治化、市场化思维挽救有价值企业的有益探索，实现了相关利害关系人多方共赢，有力维护了社会和谐稳定，取得了良好的法律效果和社会效果。这一案件的成功处置，对于人民法院正确适用破产和解程序，帮助企业提升偿债能力，实现企业整体脱困重生具有典型意义。

第十九条 政府提供项目推介对接等服务

各级人民政府及其有关部门在项目推介对接、前期工作和报建审批事项办理、要素获取和政府投资支持等方面，为民营经济组织投资提供规范高效便利的服务。

第二十条 金融服务差异化监管

国务院有关部门依据职责发挥货币政策工具和宏观信贷政策的激励约束作用，按照市场化、法治化原则，对金融机构向小型微型民营经济组织提供金融服务实施差异化政策，督促引导金融机构合理设置不良贷款容忍度、建立健全尽职免责机制、提升专业服务能力，提高为民营经济组织提供金融服务的水平。

第二十一条 民营经济组织贷款担保

银行业金融机构等依据法律法规，接受符合贷款业务需要的担保方式，并为民营经济组织提供应收账款、仓单、股权、知识产权等权利质押贷款。

各级人民政府及其有关部门应当为动产和权利质押登记、估值、交易流通、信息共享等提供支持和便利。

● 条文注释

本条旨在拓宽民营经济组织融资担保渠道，要求金融机构依法创新权利质押等担保方式。具体包括两个层面：一是银行业金融机构等依据法律法规，接受符合贷款业务需要的担保方式；二是突破传统不动产抵押依赖，明确应收账款、仓单、股权、知识产权等均可作为担保物。

● *典型案例*

某银行支行与某食品公司保证合同纠纷案（山东高院发布服务保障民营经济高质量发展十大典型案例之六）

2014年9月5日，某银行支行与第三人某能源公司签订2014年高额字006号《授信额度协议》，约定支行向第三人提供金额为叁亿伍千万元人民币的授信额度，第三人可以在不超过本协议约定的各单项授信业务的额度范围内按照循环方式使用相应额度；授信额度的使用期限为自本协议生效之日起至2014年9月30日止；对于该债务，双方同意由某食品公司等提供最高额保证担保。同日，支行还与某食品公司签订2014年高最保字第037号《最高额保证合同》，约定：本合同所担保债权之最高本金余额为人民币4500万元整。

2014年9月29日，即信用证到期日，某银行支行对外支付信用证项下款项5006882美元。第三人未能足额付款，支行以第三人缴纳的保证金偿还6202695.18元垫付款。2014年10月30日，支行将剩余457304.82元保证金退回第三人。剩余400万美元垫付款，开证申请人即第三人未能足额付款。2014年9月29日，双方签订2014年高进押字026号《进口押汇申请书》，该押汇申请约定：押汇金额为400万美金。2014年12月23日，押汇到期，第三人未偿付押汇款及利息，各保证人亦未履行担保责任，支行遂起诉要求食品公司承担保证责任。

日照市东港区人民法院一审认为，某银行支行与某食品公司之间的保证合同关系成立且合法有效，予以确认。然押汇期限届至，第三人未按约归还全部押汇款，显属违约，按照保证合同约定，支行有权要求食品公司承担保证责任。某银行持有信用证项下提单，对该提单享有质权。但支行将信用证项下提单交付第三人的行为，应视为其对提单权利质押权的放弃。支行放单后，未将该事实通知某食品公司，食品公司亦未明确在此种情形下，仍对诉争进口押汇业务承担保证担保，按照《物权法》第218条规定，食品公司应在某银行支行放弃权利质权范围内免除担保责任。按照两份协议约定，考虑到溢装部分，该铁矿石价值应为5016000美元其货值已经超出第三人欠付某银行支行的押汇款本息，食品公司应当免除保证责任。某银行支行要求食品公司就诉争押汇款本金400万美元及利息承担连带清偿责任的诉讼请求，不予支持。判决驳回某银行支行的诉讼请求。

日照市中级人民法院二审认为，涉案《授信额度协议》约定，一旦某能源公司违约危及某银行支行的债权安全，支行有权行使担保物权，以及约定进口开证必须落实第三方监管。押汇借款在本质上属于信用证垫款所形成债务的一种延续，且授信额度协议及附件并未约定能源公司可在押汇前向某银行支行申请持有单据，故支行于押汇前提前放单，且放单后未按照授信额度协议约定委托第三方对货物进行监管，而是放任货物由能源公司处置，处置所得亦未用于清偿押汇款，故该放单行为既是放弃了开立信用证合同项下质押权，也是放弃了押汇借款合同项下质押权。最高额保证合同约定的"授信额度协议以及项下单项协议的变更，无需征得保证人同意，保证人仍对变更后的主合同承担保证责任"，仅是针对主合同变更后保证人责任的约定，并不涉及债权人放弃物的担保的情形，支行不能以此为由要求食品公司承担保证责任。判决驳回上诉，维持原判。

本案准确地把握了双方争议的焦点，通过层层调查，在查清案件事实的基础上，精确地还原了各当事人之间存在的法律关系。在逐步分析，慎重考虑后，认定支行将信用证项下提单交付第三人的行为，应视为其对提单权利质押权的放弃。食品公司应在支行放弃权利质权范围内免除担保责任。本案的审理过程中，充分彰显了人民法院平等保护的司法理念，既充分维护了金融债权的安全，又对作为保证人的民营企业某食品公司权益给予保护，避免让企业背上沉重负担，有力地促进了食品公司在后续经营过程中的良好运转，增强了民营企业对司法认同感、获得感。该案判决生效后，当事人自动履行了判决确定的义务，取得了良好的社会效果与法律效果。同时，通过个案判决进行辨法析理，为民营企业在融资过程中如何合理地维护自身权益，如何诚信守责提供了良好的范本，人民法院司法判决发挥了应有的指引作用。

● *相关规定*

《中小企业促进法》第17条；《民法典》第440条

第二十二条　融资风险市场化分担

国家推动构建完善民营经济组织融资风险的市场化分担机制，支持银行业金融机构与融资担保机构有序扩大业务合作，共同服务民营经济组织。

● *典型案例*

1. 北京某配件销售公司、北京某工程公司与某财产保险公司北京分公司财产损失保险合同纠纷案（北京金融法院涉民营企业保护典型案例之二）

北京某配件销售公司在经营中因资金短缺，向北京某工程公司借入款项，并提供库存配件作为抵押物。工程公司要求配件销售公司对抵押物进行投保，并要求将工程公司列为保险金的第一受益人。配件销售公司投保财产损失保险，约定其为被保险人，出借人工程公司为第一受益人。第一受益人还授权第三方公司对上述库存配件进行监管，后库存配件因火灾事故被全部烧毁。现被保险人配件销售公司起诉保险公司要求赔偿保险金；第一受益人工程公司作为有独立请求权第三人，在其对被保险人的借款余额范围内，请求保险公司直接向己方赔偿保险金。保险公司不认可被保险人主张的损失金额，不同意继续赔偿保险金。法院释明保险公司提交前期收取的残留单证用于核查财产损失，保险公司未能提交。

　　北京金融法院认为，关于财产损失金额，全部库存配件和部分单证因火灾事故被烧毁，保险公司经法院释明后仍未能提交前期收取的残留单证，鉴于库存物品在火灾发生之前一直由第三方公司监管，法院基于对第三方监管流程和监管体系的分析，直接根据被保险人提交的第三方监管资料和数据认定损失金额。关于赔偿保险金数额，投保人和保险公司同意设立第一受益人，现保险标的已全损，故判令保险公司以第一受益人对被保险人的债权余额为限，直接向第一受益人赔偿保险金；其余保险金由保险公司向被保险人赔偿。

　　本案中投保人、被保险人和"第一受益人"均系民营企业。《中共中央 国务院关于促进民营经济发展壮大的意见》指出，要"健全银行、保险、担保、券商等多方共同参与的融资风险市场化分担机制。"本案处理充分体现了上述政策精神。一方面，本案判决合理运用举证责任规则认定财产损失金额，充分保护被保险人的合法权益。保险公司已收取被保险人提交的理赔申请材料和证明材料，经法院释明后无正当理由拒不出示的，应当承担举证不能的不利后果。另一方面,针对财产保险中"第一受益人"的权益保护困境,本案判决在一定条件下认可财产保险中约定的"第一受益人"请求赔偿保险金的权利,积极回应商业实践需求,促进金融服务实体经济,同时一次性解决当事人之间多重纠纷,避免"一案结多案生",推进纠纷实质性化解,优化民营经济发展法治环境。

2. 某融资租赁公司诉某新能源公司等融资租赁合同纠纷案[上海法院依法平等保护促进民营经济发展 营造良好法治化营商环境的典型案例(第六批)之三]

某融资租赁公司与某新能源公司签订《融资租赁合同》,约定某融资租赁公司(出租人)根据某新能源公司(承租人)的选择,向某能源技术公司购买光伏发电设备,约定租赁期84个月,分28期支付,并以附表约定了每期应付租金金额。后双方又签订《融资租赁合同补充协议》,约定第11期、12期租金延期支付,并以附表约定了变更后的每期租金金额及租金总额。新能源公司自第12期租金应付之日起欠付租金,遂致诉。

法院经审理认为,本案争点在于某新能源公司欠付租金金额的计算问题,某新能源公司主张应当依据《融资租赁合同补充协议》附表载明的租金金额计算,而某融资租赁公司则主张因某新能源公司违约,故不再依据《融资租赁合同补充协议》附表而是依据《融资租赁合同》中"每期租金计算公式"自某新能源公司违约始重新予以计算。但若按照某融资租赁公司主张的计算方式,则欠付租金中的利息部分相较于《融资租赁合同补充协议》附表之约定,总额高出1400余万元,显然超过了某新能源公司及其担保人订立合同时的合理预见范围,增加了新能源企业的融资成本和负担。据此,判决某新能源公司依据《融资租赁合同补充协议》支付某融资租赁公司租金本金、利息、留购价款及相应的违约金。

党的二十届三中全会提出，完善民营企业融资支持政策制度，破解融资难、融资贵问题。《中共中央 国务院关于促进民营经济发展壮大的意见》第5条明确规定完善融资支持政策制度，健全银行、保险、担保、券商等多方共同参与的融资风险市场化分担机制。近年来，为解决民营企业融资难、融资贵的问题，包括融资租赁在内的类金融行业在政策支持下发展迅速。但实践中，存在类金融企业变相收取高额利息的情况，增加了民营企业的融资成本和风险，变相的高额利息阻碍了民营经济发展。本案中，融资租赁合同项下之租金加速到期或提前到期，系违约事件发生后违约方即承租人以丧失融资款期限利益为代价的责任承担方式。但在无特别且明确约定的情况下，加速或提前到期项下的欠付租金金额本身不应增加，否则既缺乏合同和法律依据，因涉双重处罚于违约方过苛而有违公平，亦不符合金融服务实体经济、降低社会融资成本的相关政策要求。本案对今后类案的审理具有一定的提示和借鉴意义。

第二十三条　开发和提供金融产品和服务

金融机构在依法合规前提下，按照市场化、可持续发展原则开发和提供适合民营经济特点的金融产品和服务，为资信良好的民营经济组织融资提供便利条件，增强信贷供给、贷款周期与民营经济组织融资需求、资金使用周期的适配性，提升金融服务可获得性和便利度。

● *实用问答*

问：国家特别重视通过供应链产业链的发展服务经济金融高质量发展，在裁判这类案件时，最高人民法院有些什么要求，从而破解实体经济企业特别是中小企业普遍面临的"融资贵、融资难"问题？[①]

答：最高人民法院一直强调要将"推动服务实体经济"作为金融审判工作的价值追求。供应链金融将产业链网状结构中的买方、卖方、第三方物流以及提供融资的金融机构或类金融机构紧密联系，实现企业间交易、结算、融资顺畅运行。市场主体大量使用所有权保留、融资租赁、保理、保兑仓、存货质押、应收账款质押等方式作为融资的担保。从司法实践看，市场主体对于这些新型担保方式中的各种权利义务、特别是权利发生冲突情形下的确权规则等认识还不够准确，影响了供应链金融活动的顺利开展。

在供应链金融纠纷案件裁判中应把握以下几点：一是不能机械办案。案件裁判要立足于链条企业的交易关系、遵从产业链贸易活动的商业逻辑，将供应链上下游交易的连贯性、风险性、牵连性纳入考量，查明融资机构、供应商、制造商、分销商、零售商、最终用户等市场主体在交易中的作用和地位。二是坚持贸易背景真实不虚。贸易真实性是确保融资安全的前提，供应链金融风险事件多因虚构交易、虚假确权、蓄意骗贷引发，要将应收账款、仓单、票据等基础交易的真实性作为判断合同性质、责任承担的事实依据。三是坚持规制综合融资成本。对背离实体经济利润的过高利率不予保护，降低实体经济融资成本，着力解决企业面临的"融资贵、融资难"问题，合理引导

[①] 《最高法民二庭相关负责人就人民法院助推民营经济高质量发展典型民商事案例答记者问》，载最高人民法院微信公众号，https://mp.weixin.qq.com/s/V8nXwqG4I7wg177fUcnbIg，发布时间：2021年9月3日，最后访问时间：2025年5月6日。

资金"脱虚向实",回归服务实体经济的本原。

● *相关规定*

《中小企业促进法》第 16 条

第二十四条　金融机构平等对待民营经济组织

金融机构在授信、信贷管理、风控管理、服务收费等方面应当平等对待民营经济组织。

金融机构违反与民营经济组织借款人的约定,单方面增加发放贷款条件、中止发放贷款或者提前收回贷款的,依法承担违约责任。

第二十五条　多层次资本市场体系

健全多层次资本市场体系,支持符合条件的民营经济组织通过发行股票、债券等方式平等获得直接融资。

第二十六条　信用信息归集共享

建立健全信用信息归集共享机制,支持征信机构为民营经济组织融资提供征信服务,支持信用评级机构优化民营经济组织的评级方法,增加信用评级有效供给,为民营经济组织获得融资提供便利。

● **典型案例**

某国际贸易公司诉某区税务局纳税信用复评案［上海法院依法平等保护促进民营经济发展 营造良好法治化营商环境的典型案例（第六批）之六］

某国际贸易公司是一家境内外资企业，主要经营营养膳食跨境批发零售。2021—2022年，受一些因素影响，境外供应商无法运输、交付货物，导致该公司虽有合同意向和订单但无法正常发货和开具发票，从而产生税务上的零申报。最终该公司在［2021-10-01］-［2021-12-31］和［2022-01-01］-［2022-03-31］两个税款所属期内，增值税申报应纳税额为0元。经税务信用评定系统自动采集相关数据后，某区税务所将该公司2022年度纳税信用等级评定为B级。经复核，某区税务局作出维持B级等级的复核结果。

法院经审理发现，该公司税收遵从度较高，2020年和2021年纳税信用等级均为A级，纳税情况常年正常。法院从优化营商环境、帮扶民营企业的角度出发，提示税务部门实质性解决争议，获得税务部门的理解和认同。税务部门表示，如果该公司能提供进一步证据证明系因不可抗力导致增值税零申报，就可以对其重新启动信用复评。在法院的释明和帮助下，该公司进一步补充跨境贸易资料、境外供应商迟延供货证明材料等证据。经启动重新复评，税务部门将该公司2022年度纳税信用评级评定为A级。该公司最终以解决了行政争议为由，向法院申请撤回起诉。

党的二十届三中全会提出，健全民营中小企业增信制度。《中共中央 国务院关于促进民营经济发展壮大的意见》第3条明确规定完善社会信用激励约束机制，发挥信用激励机制作用，提升信用良好企业获得感。在国际贸易中，税务信用已成为企业参与市场竞争的重要资产和"信誉名片",尤其是企业的信用状况在招投标、融资等领域已成为企业参与市场竞争的必要条件。同时,根据世界银行最新营商环境评估体系要求,"申报和缴纳税费的时间"指标是评估营商环境的重要指标。本案中,法院从优化纳税信用评价管理,激励民营企业用好、遵从纳税信用制度,营造良好的税收营商环境角度出发,积极与税务部门沟通了解纳税信用评价规则,围绕实质化解税务行政争议,促成税务部门与民营企业达成协调化解方案,有利于推动纳税信用管理制度不断完善。

● **相关规定**

《中小企业促进法》第7条

第四章　科技创新

第二十七条 推动科技创新、培育新质生产力

国家鼓励、支持民营经济组织在推动科技创新、培育新质生产力、建设现代化产业体系中积极发挥作用。引导民营经济组织根据国家战略需要、行业发展趋势和世界科技前沿,加强基础性、前沿性研究,开发关键核心技术、共性基础技术和前沿交叉技术,推动科技创新和产业创新融合发展,催生新产业、新模式、新动能。

引导非营利性基金依法资助民营经济组织开展基础研究、前沿技术研究和社会公益性技术研究。

典型案例

重庆某科技有限公司与重庆某化工有限公司合同纠纷案〔重庆法院民营经济司法保护典型案例（第十批）之七〕①

2017年5月，重庆某科技有限公司（以下简称某科技公司）与重庆某化工有限公司（以下简称某化工公司）签订水泵系统节能改造能源管理合同，约定由某科技公司为某化工公司提供节能改造服务。因节能设备运行良好超过合同预期，某化工公司遂与某科技公司签订买断协议，由某化工公司支付86万元买断该节能服务，分5期分别支付20万元、20万元、26万元、20万元，某化工公司未支付完毕前，节能设备所有权归某科技公司，支付完后所有权归某化工公司。若某化工公司未能如约支付款项，某科技公司有权解除协议并追偿节能效益款。某化工公司按时支付了前两期款项，因未能如约支付第三期款项，某科技公司遂起诉请求解除买断协议。本案受理后，某化工公司支付了第三期款项。

人民法院经审理认为，合同双方当事人应按合同约定履行各自义务，以实现合同目的。本案中，某化工公司虽存在迟延支付的违约行为，但在案件受理后，又履行了第三期付款义务，已履行主要债务，并表示愿意继续按约定履行付款义务，不存在不能实现合同目的的情形，某科技公司也对此持肯定和认可态度，故不能简单认定解约事由成就，否则不利于维护合同的稳定性和交易安全，遂判决驳回某科技公司诉讼请求。一审判决后，双方当事人均未提起上诉，裁判已生效。

---

① 参见《重庆法院民营经济司法保护典型案例（第十批）》，载重庆市高级人民法院微信公众号，https://mp.weixin.qq.com/s/9hvLy5lSucQkh0QmZi634w，发布时间：2023年6月29日，最后访问时间：2025年5月6日。下文同一出处案例不再提示。

本案是人民法院兼顾双方当事人利益、维护合同稳定性和交易安全，推进节能降碳企业创新发展，保障传统民营企业绿色转型升级的典型案例。人民法院根据合同解除的法定情形，审查合同违约方的违约程度，督促合同违约方积极履行合同义务，确保合同双方当事人合同目的实现，为民营企业的高效能、高质量发展保驾护航。

● **相关规定**

《科学技术进步法》第4章；《中小企业促进法》第26条

第二十八条　参与国家科技攻关项目

支持民营经济组织参与国家科技攻关项目，支持有能力的民营经济组织牵头承担国家重大技术攻关任务，向民营经济组织开放国家重大科研基础设施，支持公共研究开发平台、共性技术平台开放共享，为民营经济组织技术创新平等提供服务，鼓励各类企业和高等学校、科研院所、职业学校与民营经济组织创新合作机制，开展技术交流和成果转移转化，推动产学研深度融合。

● **相关规定**

《科学技术进步法》第39条；《促进科技成果转化法》第45条

第二十九条　参与共性技术研发和数据要素市场建设

支持民营经济组织依法参与数字化、智能化共性技术研发和数据要素市场建设，依法合理使用数据，对开放的公共数据资源依法进行开发利用，增强数据要素共享性、普惠性、安全性，充分发挥数据赋能作用。

第三十条　参与标准制定

国家保障民营经济组织依法参与标准制定工作，强化标准制定的信息公开和社会监督。

国家为民营经济组织提供科研基础设施、技术验证、标准规范、质量认证、检验检测、知识产权、示范应用等方面的服务和便利。

第三十一条　加强新技术应用

支持民营经济组织加强新技术应用，开展新技术、新产品、新服务、新模式应用试验，发挥技术市场、中介服务机构作用，通过多种方式推动科技成果应用推广。

鼓励民营经济组织在投资过程中基于商业规则自愿开展技术合作。技术合作的条件由投资各方遵循公平原则协商确定。

● **相关规定**

《促进科技成果转化法》第16条；《科学技术进步法》第41条

第三十二条　培养使用人才

鼓励民营经济组织积极培养使用知识型、技能型、创新型人才，在关键岗位、关键工序培养使用高技能人才，推动产业工人队伍建设。

● **典型案例**

某农业科技公司与某财产保险公司保险合同纠纷案（北京金融法院涉民营企业保护典型案例之六）

某农业科技公司是一家从事农产品研发、种植及销售的小微企业。该企业向某财产保险公司投保了雇主责任险，约定在保险期间内，公司的雇员在工作时间和工作场所内，因工作原因遭受意外事故或罹患职业病导致伤残、死亡，应由用工单位依法承担赔偿责任的，由保险公司在保险责任限额内承担责任。员工沈某在搬运农作物时摔伤导致胸椎骨折，某农业科技公司第一时间将沈某送入医院手术并向保险公司报案。术后24小时内沈某倒在医院茶水间，现场无目击者亦无监控。后沈某因脾破裂、呼吸心跳骤停死亡。因尚未给沈某投保工伤保险，某农业科技公司依法按照当地工伤保险待遇向员工家属赔付死亡赔偿金等共计80余万元。因依据雇主责任险向保险公司申请理赔遭拒，故诉至法院，要求保险公司按照保险责任限额支付理赔款。

北京金融法院经审理认为，某农业科技公司员工沈某的死亡涉及多重因素叠加，系因工作期间重伤导致或因住院期间摔伤导致，抑或由多种原因共同导致难以判断。法院委托鉴定机构就工作期间摔伤与死亡之间的因果关系进行司法鉴定，亦因案件疑难复杂、超出鉴定机构能力而终止。本案中当事人已在能力范围内尽到举证义务，人民法院通过司法鉴定等方式仍无法确定导致事故的真正原因力，根据《最高人民法院关于适用〈中华人民共和国保险法〉若干问题的解释（三）》第25条之规定，无法认定造成损失系由承保事故或者非承保事故、免责事由造成的，可以按照相应比例酌定赔偿金额。故北京金融法院依法判决保险公司按照60%保险责任限额比例向某农业科技公司支付理赔款。保险公司主动履行了生效判决确定的义务。

《中共中央 国务院关于促进民营经济发展壮大的意见》提出，要强化民营企业人才和用工需求保障。中小微企业以灵活用工为主要形式，人员流动性较高，一旦面临员工受伤或死亡的高额赔付责任，对于工伤保险缺位的企业可能面临不能承受之重。雇主责任险作为有效分散企业用工风险的险种，可以发挥助企纾困的作用，降低民营企业的赔付成本。

近年来，司法实践中因雇主责任险理赔引发的争议逐渐增多。本案聚焦"多因一果"情形下保险责任的认定问题，中小微企业作为用人单位，如果在能力范围内已尽到举证义务，人民法院穷尽包括司法鉴定等方法，仍无法认定损失系由承保事故或者非承保事故、免责事由造成的，根据保险法司法解释之相关规定，由人民法院依法酌定赔偿责任，而不是简单地判决全赔或者全否，以最大程度平衡保险人与被保险人之间的权益，发挥雇主责任险的风险分摊作用，助力中小微民营企业平稳健康发展。

● **相关规定**

《科学技术进步法》第 40 条

第三十三条　原始创新、创新成果知识产权保护

国家加强对民营经济组织及其经营者原始创新的保护。加大创新成果知识产权保护力度，实施知识产权侵权惩罚性赔偿制度，依法查处侵犯商标专用权、专利权、著作权和侵犯商业秘密、仿冒混淆等违法行为。

加强知识产权保护的区域、部门协作，为民营经济组织提供知识产权快速协同保护、多元纠纷解决、维权援助以及海外知识产权纠纷应对指导和风险预警等服务。

典型案例

1. 专业调解组织成功化解涉企知识产权纠纷案［司法部发布 5 件依法保护民营企业产权和企业家权益典型案例（摘编）案例一］[①]

2022 年，南昌市知识产权纠纷人民调解委员会受理南昌某法院委托调解的一起涉民营企业知识产权纠纷。该纠纷中，广东某通信有限公司因南昌六家手机销售维修商户销售假冒其注册商标的手机充电器、数据线而提起诉讼，要求六家商户赔偿经济损失。六家商户认为自身获利较少，索赔数额又过高，均不同意该项诉求。调解过程中，人民调解员通过耐心解说、细致沟通、辨理析法，合理确定了赔偿标准，促使双方就赔偿方式、数额达成一致并签订了调解协议，避免了案件进入诉讼程序带来高昂的人力物力和时间成本。

近年来，司法部会同相关部门积极推进专业性人民调解组织建设，拓宽人民调解领域，强化调解作用发挥。本案中，知识产权专业调解组织充分发挥自身优势，在诉前通过调解方式快速解决涉及多个主体的纠纷，有效减轻了当事人的维权成本和法院的审判压力，同时起到了普法宣传作用，有利于增强经营者知识产权保护意识。

2. 重庆某科技有限责任公司与上海某软件技术有限公司著作权侵权纠纷案（重庆法院民营经济司法保护典型案例（第九批）之一）[②]

重庆某科技有限责任公司主要从事尺寸链计算及公差分析软件的研发和销售。其研发的具有独创性并享有自主知识产权的"尺寸链计

[①] 参见《司法部发布 5 件依法保护民营企业产权和企业家权益典型案例（摘编）》，载司法部微信公众号，https://mp.weixin.qq.com/s/C_MqcyoSYLc50i4maxIdEg，发布时间：2023 年 8 月 2 日，最后访问时间：2025 年 5 月 6 日。

[②] 参见《重庆法院民营经济司法保护典型案例（第九批）》，载重庆市高级人民法院微信公众号，https://mp.weixin.qq.com/s/WOjpH5MTkTV8UzKzf5SZKg，发布时间：2022 年 6 月 28 日，最后访问时间：2025 年 5 月 6 日。下文同一出处案例不再提示。

算及公差分析软件"产品从开发完成至今,已经广泛应用在国内众多大型军工、汽车、通信、航空航天、装备制造等企业,在行业内享有极高的声誉和知名度。2015年7月,该公司印制了4000册《尺寸链计算及公差分析软件宣传册》(以下简称宣传册),2018年1月29日,上述宣传册取得版权登记。

上海某软件技术有限公司2017年注册成立,为介绍其研发的尺寸链仿真计算软件,在宣传该软件的QQ群上传了一份PDF文件,该文件使用了与上述宣传册中相同的尺寸链图。该公司还在其网站发布文章,文章文字内容与宣传册中部分文字内容完全相同。

重庆某科技有限责任公司认为上海某软件技术有限公司上传的PDF文件及发布的文章构成对其著作权的侵犯,请求判令上海某软件技术有限公司停止侵权并赔偿损失。

重庆市渝中区人民法院经审理认为,重庆某科技有限责任公司的宣传册中的文字内容着重体现了用户使用软件后的实际应用效果,尺寸链图是根据客户提供的部件结构图绘制,非该行业公有领域的通用图形,二者均具有独创性,系计算机软件以文字和图表形式呈现的智力成果,属于受著作权法保护的作品。上海某软件技术有限公司作为同行企业,在宣传、介绍本企业同类型软件的文档中,使用了与宣传册相同的文字、尺寸链图,抄袭了重庆某科技有限责任公司的软件相关智力成果,侵犯了重庆某科技有限责任公司的著作权,应当承担侵权责任。宣判后,双方提起上诉。重庆市第五中级人民法院判决驳回上诉,维持原判。

本案系重庆法院保护重点民营工业软件研发企业智力成果,助力创新驱动实体经济发展的典型案例。本案中,原告享有自主知识产权的产品,在行业内享有极高的声誉和知名度,人民法院以独创性作为认定作品的实质性考量要素，认为涉案工业软件相关文档中的文字、图形应当依法受到保护，责令被告停止侵权，并赔偿经济损失，有力打击了恶意侵害著作权行为，彰显了人民法院坚决保护知识产权的鲜明态度，有利于激发市场主体活力、助力实现重庆科技创新高质量发展。

3. 重庆某网络科技有限公司与陈某某侵害商业秘密纠纷案〔重庆法院民营经济司法保护典型案例（第十批）之九〕

2021年4月5日至2021年9月5日，被告陈某某系原告重庆某网络科技有限公司（以下简称某科技公司）的员工。被告工作岗位为"商务"，可接触原告公司系统总后台账号及密码。原告认为其系统总后台的客户信息是由其员工通过网络渠道发帖或跟帖收集的潜在客户信息，属于其商业秘密。被告将上述客户信息窃取后以第三方公司的名义促成客户与第三方签订合同，侵犯了其商业秘密。遂诉至法院。

人民法院经审理认为，原告主张的系统总后台客户信息是不为相关人员普遍知悉和容易获得的特殊客户信息，能为原告带来竞争优势和经济效益、并已采取合理保密措施的商业秘密。原告是该系统总后台客户信息的经营主体，有权对侵犯该商业秘密的行为主张权利。原告系统总后台的深度客户信息符合商业秘密的构成要件，使得原告取得经营资源上的竞争优势，应按商业秘密进行保护。涉案信息中电话号码、意向项目与原告系统客户信息的电话号码、意向项目、备注信息完全重合，并且客户电话号码、意向项目、备注信息均为原告系统客户信息的核心秘密信息，不为相关人员普遍知悉，所属领域相关人员容易想到被告提供的客户信息与原告系统客户信息是一致的。被告作为原告员工，未说明如何获得涉案客户信息，更未举示证据证明涉案客户信息系其自有信息并非工作期间的职务行为。被告违反权利人即原告有关保守系统总后台客户信息商业秘密的要求，披露、使用其所掌握的商业秘密，侵犯原告对系统总后台客户信息商业秘密的权利。法院判决陈某某停止侵权并赔偿某科技公司经济损失及合理费用10000元。宣判后，双方当事人均未上诉，裁判已生效。

本案系人民法院以司法裁判规范民营企业员工履职行为，依法保护民营企业构成商业秘密的特殊客户信息的典型案例。随着数字经济发展及产业结构调整，数据或信息越来越成为企业竞争优势，其体现的经济效益越来越重要。尤其对于服务行业的民营企业，通过网络获取的客户信息尤其重要。企业通过网络收集、整理、开发的反映客户交易意向的特殊客户信息，系其付出人力、财力等获得的不为相关人员普遍知悉和容易获得的，能为企业带来竞争优势和经济效益的信息，且已采取合理保密措施，应按商业秘密予以保护。本案厘清通过网络获取的特殊客户信息作为商业秘密保护的构成要件，明确没有交易的客户信息也可能成为商业秘密，所确立的裁判规则对今后同类案件具有示范意义，有利于助推民营经济高质量发展。

4. 郭某侵犯商业秘密案［上海法院依法平等保护促进民营经济发展 营造良好法治化营商环境的典型案例（第六批）之一］

绍兴某公司、上海某公司系母子公司，共同从事人工智能芯片的研发及销售。被告人郭某作为公司创始人，因与其他股东产生矛盾，为便于离职后使用相关数据，利用其任职所掌握的root账户权限，违反两被害企业保密规定，多次绕开服务器安全管理设置，擅自将包括涉案两种芯片技术信息在内的两被害企业大量保密数据，非法复制、传输至本地电脑后上传至其个人网盘。经评估，涉案两项技术信息的合理许可使用费为231万元。

法院经审理认为，涉案两项技术信息构成两被害企业的商业秘密，依法受到法律保护。本罪属于非法获取持有型侵犯商业秘密罪，从权利人实施商业秘密的实际情况出发，可以依据由成本法计算的虚拟许可使用费确定权利人的损失数额；又结合涉案芯片产品的特征及存疑有利于被告人的原则，精细化计算方式。郭某以盗窃手段获取两被害企业的商业秘密，给两被害企业造成损失231万元，情节严重，其行为已构成侵犯商业秘密罪，判决被告人有期徒刑二年，缓刑二年，并处罚金人民币10万元。

党的二十届三中全会提出，建立高效的知识产权综合管理体制，构建商业秘密保护制度。《中共中央 国务院关于促进民营经济发展壮大的意见》第12条明确规定持续完善知识产权保护体系，严厉打击侵犯商业秘密等不正当竞争行为。本案系全国首例人工智能芯片领域侵犯商业秘密刑事案件。两被害企业作为科创类民营企业，共同从事人工智能芯片的研发及销售，涉案技术信息系其核心资产。被告人作为被害企业联合创始人和股东，其侵权行为不仅给初创科技企业造成极大不利影响，更对芯片行业的安全发展造成危害。本案在制止、打击犯罪的基础上，推动被害企业与被告人一揽子解决股权争议，助力被害企业尽快甩掉包袱、轻装上阵，有力保障了芯片行业的健康有序发展，对构建商业秘密保护制度具有积极意义。本案对"非法获取持有型"侵犯商业秘密刑事犯罪中损失数额的计算方式、自首的认定等问题进行了有益探索，为类似案件裁判提供指引。

5. 张某等人非法制造、销售非法制造注册商标系列案（上海市青浦区人民法院司法服务保障民营企业健康发展典型案例之八）

2019年起，在未经注册商标权利人三只松鼠股份有限公司（以下简称三只松鼠）等授权的情况下，被告人张某、刘某等人伙同马某某（另案处理）等人在山东省临沂市伪造印有"三只松鼠"等注册商标标识的礼品包装盒。被告人王某甲伙同被告人郭某甲、郭某乙接受马某某等人的委托,在山东省临沂市伪造印有"三只松鼠"注册商标标识的印刷品。后上述伪造的礼品包装盒分别被出售给被告人孙某某、杨某某等人。其中,被告人王某乙通过被告人高某委托马某某、张某等人伪造印有"三只松鼠"注册商标标识的礼品包装盒后对外出售。后公安机关在上述被告人处查获伪造的印有"三只松鼠"注册商标标识的礼品包装盒。经鉴定上述礼品包装盒均为伪造,且均无商标权利人授权。

在该侵犯零食品牌"三只松鼠"注册商标标识系列案中,共涉及3案9名被告人。9名被告人系关联犯。其中,被告人张某等7人在未取得注册商标权利人授权的情况下伪造他人注册商标标识,情节特别严重,其行为均已构成非法制造注册商标标识罪;被告人杨某某等2人销售伪造的他人注册商标标识,情节特别严重,其行为均已构成销售非法制造的注册商标标识罪。据此,青浦区人民法院依法判处上述被告人一至三年不等的有期徒刑并适用缓刑,同时并处罚金。

"三只松鼠"作为知名零食品牌,具有较好的市场活跃度和较强的群众基础,但与旺盛的市场需求度相反的,却是其对外包装设计等知识产权保护的缺乏。其外包装因没有设计专门防伪标识,极易被仿制和伪造,成为被侵权对象。在巨大市场吸引和极易被伪造的现实条件下,伪造"三只松鼠"礼品包装盒的违法犯罪等问题也接踵而来,本系列案便在其中。

本系列案的发生具有诸多特征。一是被告人文化程度不高。由于伪造礼品包装盒并不具有专业难度,对被告人的作假能力并无要求,因此本系列案中的被告人文化程度普遍并不高;二是行为主体上系典型熟人作坊型犯罪。各被告人之间多是亲戚关系,抑或朋友关系,通过互相介绍等进行联系;三是行为方式上系分工配合,环环相扣。本案中,有的被告人负责伪造印有"三只松鼠"注册商标标识的礼品包装盒,有的被告人负责居中对接伪造和销售,有的被告人则负责线上或线下销售及客户发展等,共同实施侵权行为。

企业的发展离不开良好的法治化营商环境,针对侵犯"三只松鼠"注册商标标识的系列案,青浦区人民法院通过依法审理,实现从制造到销售环节的全链条打击,溯源清理犯罪行为,切实维护"三只松鼠"企业的品牌权益。该系列案件的发生还暴露出"三只松鼠"企业对自主品牌保护意识的欠缺,故除依法审判、充分打击知识产权犯罪行为之外,青浦区人民法院还通过以案释法等方式加强法治宣传,强化品牌保护意识,营造公平有序的知识产权保护氛围。本案在严厉打击涉企犯罪行为、维护知识产权市场保护秩序的同时,亦对民营企业的规范健康发展起到警示作用,体现出青浦区人民法院在助力优化长三角一体化法治化营商环境的责任和担当。

● **相关规定**

《中小企业促进法》第41条、第46条;《专利法》第71条

第五章　规范经营

第三十四条　发挥党组织和党员作用

民营经济组织中的中国共产党的组织和党员,按照中国共产党章程和有关党内法规开展党的活动,在促进民营经济组织健康发展中发挥党组织的政治引领作用和党员先锋模范作用。

● **相关规定**

《中国共产党章程》第 33 条

第三十五条　围绕国家工作大局发挥作用

民营经济组织应当围绕国家工作大局，在发展经济、扩大就业、改善民生、科技创新等方面积极发挥作用，为满足人民日益增长的美好生活需要贡献力量。

第三十六条　遵守法律法规义务

民营经济组织从事生产经营活动应当遵守劳动用工、安全生产、职业卫生、社会保障、生态环境、质量标准、知识产权、网络和数据安全、财政税收、金融等方面的法律法规；不得通过贿赂和欺诈等手段牟取不正当利益，不得妨害市场和金融秩序、破坏生态环境、损害劳动者合法权益和社会公共利益。

国家机关依法对民营经济组织生产经营活动实施监督管理。

● **实用问答**

问：国家机关依法对民营经济组织生产经营活动实施监督管理涉及的部门有哪些？

答：具体涉及的监管部门比较多，包括人力资源和社会保障、卫生健康、应急管理、生态环境、市场监管、财政等部门。

● **典型案例**

1. **孙某翔职务侵占案**（重庆市江津区人民法院 2024 年度民营经济保护典型案例之一）

2021 年 4 月 7 日至 2021 年 8 月 19 日，被告人孙某翔在担任重庆某商务服务公司销售副总监期间，通过与成都某公寓负责人冷某莲协商将携程平台上的住宿价格提高，进而向公司虚报出差住宿费用并从中私自收取差价的方式，侵占公司财产共计人民币93435元，并全部用于日常支出。2022年1月10日16时许，被告人孙某翔在北京通州潞城镇宝佳路附近被公安民警抓获。被告人孙某翔到案后如实供述了上述犯罪事实，并全部退还赃款人民币93435元。

重庆市江津区人民法院经审理认为，被告人孙某翔在担任公司销售副总监期间，利用职务上的便利，以虚报住宿费的方式将钱套出并非法占为己有，涉案金额达93435元，数额较大，公诉机关指控被告人孙某翔犯职务侵占罪的罪名成立。鉴于被告人认罪认罚并已退还了全部非法所得，法院遂以职务侵占罪判处被告人孙某翔有期徒刑六个月，缓刑一年，并处罚金人民币8000元。对被告人孙某翔违法所得人民币93435元予以追缴，退还被害人重庆某商务服务公司。

本案是人民法院依法惩治日常生活中常见的虚报住宿费行为而构成侵犯民营企业财产权犯罪的典型案例。公司给予员工住宿待遇是对员工工作的后勤保障，其属于专款专用且不受员工个人意志支配。本案中，孙某翔因工作需要长期在外出差，而公司给孙某翔出差的住宿补助最高限额为1000元，实行实报实销，孙某翔便与酒店老板商量后通过虚抬住宿费进行套取。人民法院依法惩处利用民营企业管理漏洞侵犯企业财产权的犯罪行为，督促被告人及时履行退赔义务，充分保障了企业合法权益。该案例提示企业应通过完善财务制度、管理模式等方式保障自身资金安全。

2. 王某娟职务侵占案（重庆市江津区人民法院2024年度民营经济保护典型案例之二）

2022年2月18日，被告人王某娟利用其在重庆某建筑劳务公司会计身份的便利，虚构他人申请打款的事由，将重庆某建筑劳务公司本应该发给他人的77700元转账至其安排的银行卡上，再转给自己使用。2022年3月至6月，被告人王某娟利用自己在重庆某建筑工程公司会计身份的便利，多次通过编造假的交易信息、伪造请款单发在公司员工群，导致出纳人员将公司款项转账至王某娟提供的第三方公司银行账号。被告人王某娟再通过第三方公司将钱转账至自己银行卡上，共计1302275.3元，实际造成公司损失898865元。2022年8月1日，被告人王某娟接到民警电话通知后主动投案，其到案后，如实供述了犯罪事实。

重庆市江津区人民法院经审理认为，被告人王某娟利用职务上的便利，采用骗取的手段，将公司财产占为己有，涉案金额为人民币976565元，数额较大，其行为已构成职务侵占罪。被告人王某娟自动到案并如实供述犯罪事实，可以从轻处罚。法院遂以职务侵占罪判处被告人王某娟有期徒刑二年七个月，并处罚金人民币50000元。被告人王某娟退赔被害公司重庆某建筑劳务公司经济损失77700元、重庆某建筑工程公司经济损失898865元。

本案是人民法院依法惩治利用特殊职务身份人员侵占企业资金的典型案例。会计、出纳等公司财务人员具有专业知识，在公司经济管理过程中进行核算和监督，掌握大量公司资金流转动向，更容易利用公司管理漏洞侵犯企业财产权。本案中，被告人王某娟利用在多家公司担任会计的职务便利，多次通过虚构打款、编造交易等方式非法占有公司资金，数额高达97万余元。人民法院依法惩处利用民营企业管理漏洞侵犯企业财产权的犯罪行为，警示了企业特殊职务身份人员严格遵守公司规章制度，不能将公司公有资金据为己有。同时该案提醒相关企业应完善资金规章制度、加强日常监管，保护资金安全。

第三十七条　民营资本健康发展

支持民营资本服务经济社会发展，完善资本行为制度规则，依法规范和引导民营资本健康发展，维护社会主义市场经济秩序和社会公共利益。支持民营经济组织加强风险防范管理，鼓励民营经济组织做优主业、做强实业，提升核心竞争力。

● **典型案例**

某建设公司诉某保险公司责任保险合同纠纷案（重庆市第三中级人民法院民营经济司法保护典型案例之六）

2020年3月，某建设公司承包一土建工程，并向某保险公司投保雇主责任险，承保范围为被保险人在指定的施工区域内发生的意外伤害事故所致伤、残或死亡的，由保险人赔偿被保险人应承担的赔偿责任（其中死亡赔偿限额五十万元/人）。同年4月，某建设公司与何某某签订《内部管理责任书》，指派何某某对该项目四工区的施工安全、经营管理全权负责，并出具《聘任通知》聘任何某某为工区负责人。2021年7月，秦某某驾驶存在安全隐患的无牌农机车在项目四工区进行出渣作业，因驾驶不当，车辆与山体相撞造成秦某某死亡。事故发生后，某建设公司赔偿秦某某继承人一百四十万元，并约定保险公司理赔的所有款项归某建设公司所有。

丰都县成立事故调查组认定，本次事故属于生产安全责任事故，某建设公司对此事故负有责任。2021年11月，丰都县应急管理局作出行政处罚决定，对某建设公司罚款三十五万元。某保险公司调查后认为，秦某某为被保险人承包商何某某的雇员，属于责任免除范围，故向某建设公司出具《拒赔通知书》。2023年9月，某建设公司向法院起诉，要求某保险公司赔付雇主责任险保险理赔金五十万元。

重庆市丰都县人民法院经审理认为，某建设公司于事故发生后对外承担了法律和经济责任，符合保险单约定。某建设公司与何某某签订的《内部管理责任书》系约定的工程施工管理制度，不能据此证明双方之间存在分包或者转包关系。秦某某在案涉工程项目区域内工作，工作成果归属于某建设公司，在无其他充分反证的情况下，应视为秦某某系某建设公司雇请。秦某某死亡事故导致某建设公司被政府职能部门处罚，行政机关与司法机关对同一事件中的责任主体应作出相同认定，对引发的后果应作对应处理。故法院判决某保险公司支付某建设公司保险金五十万元。

一审判决宣判后，某保险公司不服，提起上诉。重庆市第三中级人民法院经审理后判决：驳回上诉，维持原判。

本案系人民法院推动保险公司诚信履行保险服务职能，积极发挥保险保障功能，为民营经济发展系上"保险绳"的典型案例。保险作为经济"减震器"和社会"稳定器"，在保障和支持民营经济发展上有着重要作用。司法实践中，企业为了降低生产经营风险，通常会向保险公司购买责任险等险种。本案基于被保险人已承担行政处罚责任和民事赔偿责任的事实，通过充分说理依法认定案涉保险事故符合合同约定，属于保险公司承保范围，保险公司应当按照约定支付被保险人保险金。人民法院的依法判决，充分体现了司法裁判的评价、指引、示范功能，有力维护民营企业的经济利益，推动保险行业更好地服务民营企业的保险需求，有助于民营企业防范风险、稳发展、增质效。

第三十八条　完善治理结构和管理制度

民营经济组织应当完善治理结构和管理制度、规范经营者行为、强化内部监督，实现规范治理；依法建立健全以职工代表大会为基本形式的民主管理制度。鼓励有条件的民营经济组织建立完善中国特色现代企业制度。

民营经济组织中的工会等群团组织依照法律和章程开展活动，加强职工思想政治引领，维护职工合法权益，发挥在企业民主管理中的作用，推动完善企业工资集体协商制度，促进构建和谐劳动关系。

民营经济组织的组织形式、组织机构及其活动准则，适用《中华人民共和国公司法》、《中华人民共和国合伙企业法》、《中华人民共和国个人独资企业法》等法律的规定。

● *典型案例*

1. 原告何某某诉被告某房地产开发公司股东知情权纠纷案（陕西省高院发布7起涉民营经济典型案例之一）

原告何某某系被告某房地产开发公司股东及监事。2022年7月10日，原告何某某向被告书面申请查阅、复制2007年7月17日起至2022年7月10日期间公司章程、全部财务会计报告及查阅公司全部会计账簿、会计凭证。2022年7月23日，被告书面回复原告对前述申请查阅复制的内容暂无法提供。经法庭庭前协调，被告提供公司章程供原告何某某查阅和复制，但双方就查阅、复制其他材料未达成一致。依原告申请，法院于2023年3月17日作出民事裁定书，裁定查封被告2007年7月17日至2022年12月31日期间的财务会计报告、会计账簿及会计凭证。2023年1月29日，原告诉至法院，请求判令被告提供2007年7月17日起至今的公司章程全部的财务会计报告，包括资产负债表、利润表、现金流量表供原告查阅、复制，并判令被告提供2007年7月17日起至今的全部会计账簿（包括总账、分类账及明细账、现金日记账等）及会计凭证（含原始凭证和记账凭证）供原告查阅。

  审理法院认为，股东知情权是股东享有对公司经营管理等重要情况或信息真实了解或掌握的权利，是股东的一项基础性权利。原告作为被告公司股东，有权依法查阅、复制公司财务会计报告（含资产负债表、利润表和现金流量表）。虽然原《公司法》未对股东查阅会计凭证作出明确规定，但根据《会计法》的相关规定，"会计凭证包括原始凭证和记账凭证"，会计凭证是制作会计账簿的基础和依据，故会计凭证（含原始凭证和记账凭证）应包含在股东知情权的范畴，故依法支持原告在限期内依法复制、查阅被告公司的财务会计报告，依法查阅被告公司的会计账簿和会计凭证。

  保护中小投资者权益是优化营商环境的法治之义。股东知情权是股东享有对公司经营管理等重要情况或信息真实了解或掌握的权利，是股东的一项基础性权利，股东可以通过行使股东知情权查阅、复制公司章程、股东会会议记录、董事会会议决议、监事会会议决议和财务会计报告。一个公司的管理权和决策权通常掌握在持有大部分股份的股东手中，公司管理层在决策时往往会忽视中小股东的利益，甚至做出损害中小股东合法权益的决定。只有切实保障股东知情权，增强中小股东对公司管理的参与感，才能形成对公司经营管理的有效监督，促进公司健康发展，激发市场投资热情。

2. 某医疗用品有限公司诉祝某斌、祝某杉股东损害公司债权人利益责任纠纷案（陕西省高院发布7起涉民营经济典型案例之二）

被告祝某斌系某机械设备公司的法定代表人，被告祝某杉系该公司股东，二人为父女关系。原告某医疗用品有限公司与某机械设备有限公司因货物采购发生纠纷，原告诉至某法院，经该法院依法组织调解后，该法院作出调解书确定："……二、原告某医疗用品有限公司应于2021年3月6日前向被告某机械设备有限公司退还案涉货物并负担退货运费；同时，被告某机械设备有限公司应于2021年3月6日前向原告某医疗用品有限公司退还货款40万元……"调解书生效后，某机械设备有限公司未履行生效文书义务。2022年3月10日，原告申请追加祝某斌、祝某杉为被执行人，被某法院依法裁定驳回。2022年5月原告诉至法院：（1）请求依法判决两被告对债务人某机械设备有限公司的404209.56元债务及逾期利息在其未出资范围内承担赔偿责任；（2）请求依法判决两被告承担保函费用1350元；（3）由被告承担本案诉讼费用。

审理法院认为，某机械设备有限公司成立于2013年11月4日，初始注册资本10万元，后公司申请增加注册资本200万元。2020年12月4日公司进行股权变更，增加祝某杉为投资人。股东祝某斌与祝某杉持有的股权所涉及的出资皆已在2013年实缴完成，二被告提交履行出资义务的银行凭证、验资机构出具的验资报告、企业信用信息公示等证据足以证明二被告作为公司股东已按照公司章程履行了出资义务。故此，审理法院依法驳回某医疗用品有限公司的诉讼请求。

股东有限责任是现代公司的基本特征，其本质是股东以其在公司的出资为限对公司债权人承担责任，遵循公司和股东彻底分离的原则。股东有限责任原则能够减少和转移市场交易风险、鼓励投资、促进资本流动、降低管理成本。人民法院在依法支持公司债权人维护自身合法权益的同时，应当注重保护已按期足额缴纳出资股东的合法权利，坚持股东有限责任原则。本案中原告主张债务公司的二股东对公司债务承担责任，通过审理查明，二股东已按期履行了相应的出资义务，因此应当确认二股东对原告债权的有限责任。规范股东出资义务、明确股东有限责任是保障股东合法权利的前提，是提振市场投资信心，促进企业健康发展的有效途径，人民法院应当充分发挥审判职能，依法维护股东权益。

3. 某电梯有限公司与某商业管理有限公司合同纠纷案（陕西省高院发布7起涉民营经济典型案例之五）

2016年11月7日，某电梯公司和某管理公司签订《电梯设备供货合同》，约定某电梯公司给某管理公司某区汉文化旅游大街项目提供64台电梯，合同总价为13454000元，合同对付款方式和付款条件进行了约定。合同签订后，某电梯公司先后向某管理公司交付了12台电梯，12台电梯总价款为2478000元，某管理公司接收后未全额付款。某电梯公司要求某管理公司支付12台电梯的全部设备款，某管理公司拒不支付剩余款项，某电梯公司提起本次诉讼。另查明，某管理公司于2015年12月18日成立，其股东为某运营公司，持股比例100%。

审理法院认为，关于某运营公司是否对某管理公司的债务承担连带清偿责任的问题，某运营公司系某管理公司的唯一股东，根据《公司法》的相关规定，某运营公司应当对其财产独立于某管理公司的财产，承担举证证明责任，而某运营公司提供的证据不足以证明其财产独立于某管理公司的财产，对此应承担举证不利的责任，某运营公司对某管理公司的债务应承担连带清偿责任的诉请。该案于2021年8

月18日结案,双方当事人均未上诉。

一人有限责任公司简称"一人公司"、"独资公司"或"独股公司"。一人公司不设立股东会,股东既是所有者,又是管理者。因此,更容易发生财产混同与业务混同的情形,导致滥用公司独立人格、损害公司债权人利益的结果发生。《公司法》通过举证责任倒置,强化一人公司的财产独立性,从而加强对债权人的保护。如果股东不能证明公司的财产独立于其自身的财产,则股东必须对公司的债务承担连带责任。而判断公司财产是否独立于股东自身的财产,依据就是其是否建立了严格健全的财务会计制度。本案中,某管理公司仅有一名法人股东某运营公司,而运营公司提供的证据又不足以证明其财产独立于某管理公司财产,对此应承担举证不能的法律后果,某运营公司应当对某管理公司的债务承担连带责任。企业是市场经济活动的主要参与者,公司作为一种重要的企业类型,是市场经济的重要基石。在法治营商环境中,规范一人有限责任公司经营秩序,完善一人有限责任公司的财务制度,能更有效地促进企业持续健康发展。

4. 某建材公司诉范某红、范某彬等追加、变更被执行人异议之诉案(重庆市第三中级人民法院民营经济司法保护典型案例之二)

某建材公司与第三人某物资公司买卖合同纠纷案,重庆市垫江县人民法院作出生效裁判认定,由某物资公司向某建材公司支付包括货款、违约金在内的款项合计十七万余元。判决生效后,某物资公司未履行义务,且人民法院执行中查明暂无财产可供执行,某建材公司申请追加某物资公司股东范某红、范某彬为被执行人被裁定驳回后,向重庆市垫江县人民法院提起诉讼。

现查明,某物资公司系有限责任公司,成立于2020年8月。其公司章程载明注册资本五百万,其中范某红的认缴出资额为四百万元,范某彬认缴出资额为一百万元,出资方式均为货币。截至庭审辩论终结时,范某红、范某彬均未缴纳货币出资。2022年12月,该公司章程将二人的出资方式由"货币出资"变更为"知识产权"。范某红、范某彬取得的案涉专利经评估价值为人民币五百万元,后二人已与乙公司办理专利权转移登记。诉讼中,某建材公司对该专利的市场价值等提出质疑,认为范某红、范某彬存在虚假出资可能。法院遂告知范某红、范某彬在指定的期限内提交其获得案涉专利权的方式、协议、价款等相关材料,并告知其逾期的法律后果,二人逾期未予提交。

重庆市垫江县人民法院经审理认为,公司章程载明的股东出资方式、出资额和出资时间系股东对公司承诺,各方应当予以遵循,不得任意调整,否则将破坏债权人对已登记公司章程内容的合理信赖利益。股东应当按照债权债务发生时经工商登记所确定的出资方式,以未履行的出资义务为限对债权人承担补充责任,否则有违诚实信用原则与公平原则。本案中,乙公司在债权发生后将股东出资方式由货币变更为知识产权,且未提供获得案涉专利权的方式、协议、价款等材料证明知识产权的市场价值,故不得以此对抗已发生的债权和债权人。据此,重庆市垫江县人民法院判决追加范某红、范某彬为被执行人,二人各自在出资范围内对某物资公司应承担的合法债务承担补充责任。

一审判决宣判后,双方当事人均服判,本案现已生效。

本案系人民法院切实保障民营经济健康发展、兑现企业胜诉权益的典型案例。经工商登记的公司章程对外具有公示效力,债权人对于其中记载的出资内容具有合理的信赖利益,未经债权人认可,股东认缴出资方式、出资时间等内容变更不得对抗已发生的债权和债权人。

本案中，范某红、范某彬在生效判决作出后，仍对公司章程载明的出资方式等内容进行变更，具有逃避货币出资义务、规避追加被执行人之嫌，此举可能损害公司债权人利益。人民法院基于保护债权人的信赖利益，依法追加范某红、范某彬为被执行人并确认二人在出资范围内承担补充责任，有力保障了商业交易安全，对于营造诚实信用的法治化营商环境具有规则引领和价值导向作用。

5. 某工具厂诉某钢铁有限公司招标投标买卖合同纠纷案（河北高院发布护航民企发展典型案例民商事之三）[①]

2021年8月4日，钢铁有限公司作为招标人发布《招标邀请函（说明书）》项目名称为废钢销售，邀请通过资质审查的投标单位参加投标活动并要求投标人交纳投标保证金85万元，规定投标人若有弄虚作假、围标、串标及不正当竞争等情形，取消投标或中标资格并没收投标保证金。8月6日，工具厂向钢铁有限公司的银行账户汇入85万元保证金。同日，钢铁有限公司先后收到了4封由工具厂及案外人XX铁路物资有限公司发自同一电子邮箱的招标报价表。同时，提交的纸质版报价单中，两公司的委托代理人为同一人。工具厂未中标。钢铁有限公司向工具厂送达了扣除85万元保证金的《告知函》。工具厂提起诉讼，请求判令钢铁有限公司退还投标保证金并支付资金占用利息。

一审法院经审理认为，当事人之间的投标招标行为是双方的真实意思表示，双方虽未签订书面合同，但工具厂在招标邀请函上盖章并签字即表示其愿意接受该招标邀请函约束，工具厂与案外人XX铁路物资有

---

① 参见《优化法治化营商环境I〈护航民企发展典型案例〉民商事（三）》，载河北高院微信公众号，https://mp.weixin.qq.com/s/CtFRw8a5aNUbSKYg7EKOIA，发布时间：2023年4月27日，最后访问时间：2025年5月6日。下文同一出处案例不再提示。

限公司提交报价单异常一致，工具厂未能作出合理解释，工具厂存在串通投标的行为。对于超出法律限额的投标保证金金额部分，应予退还。但工具厂存在串通投标过错，其资金占用利息的主张不予支持。

2021年12月13日，一审法院作出判决：某钢铁有限公司退还某工具厂投标保证金507995.8元，驳回工具厂其他诉讼请求。宣判后，双方均未上诉，判决已发生法律效力。

本案系因投标人存在串通投标行为，导致已交付的投标保证金被招标人扣留，从而引起的争议纠纷。人民法院应当根据招投标文件的约定和当事人提交的相关证据以及法律的相关规定，准确予以认定，依法作出公正裁判，切实维护当事人的合法权益。该案审理中，工具厂确实存在串通投标的过错，就应该对其行为承担责任，但对于超出法律限额的投标保证金金额部分，应予退还，体现了案件的公正审理，有效维护了双方当事人的合法权益，为经济社会高质量发展和优化营商环境提供了良好的司法服务和保障。同时，该案也警示企业在招投标过程中要严格规范自己的行为，遵循法律规定，避免因自己行为的过错产生纠纷，造成损失。

6. 某信息公司诉某影视文化公司等追收未缴出资纠纷案［上海法院依法平等保护促进民营经济发展 营造良好法治化营商环境的典型案例（第六批）之五］

某信息公司章程显示，注册资金为1250万元，出资方式为货币。2017年11月30日，某影视公司通过受让股权成为某信息公司唯一股东，并作出股东决定，将出资方式变更为货币资金和资本公积金转增。某信息公司的2017年资产负债表显示，资本公积金由年初"1950万元"减少为"12407790元"；实收资本由年初"4741000元"增加至"1250万元"。后某信息公司债权人对某信息公司的破产申请被法院受理，管理人诉至法院向某影视公司追收未缴出资。

法院经审理认为，从资本公积金转股本的原理来看，资本公积金的来源为股本溢价，并非公司通过经营取得的收益，本身就是资本的一部分。资本公积金转增公司资本，只是公司内部资本结构的调整，并没有实际的资金在股东和公司之间流动。故资本公积金转增不能影响股东原有的权益，而只能通过增加注册资金总额提高股东单位股权的价值。因此，某影视公司企图通过资本公积金转为未缴纳的实收资本，并不能达到充实某信息公司注册资本的目的，不能被视为实缴的出资。遂判决某影视公司向某信息公司补缴相应出资。二审法院审理后，判决驳回上诉，维持原判。

党的二十届三中全会提出，支持引导民营企业完善治理结构和管理制度。《中共中央 国务院关于促进民营经济发展壮大的意见》第15条明确规定引导完善治理结构和管理制度，支持引导民营企业完善法人治理结构、规范股东行为、强化内部监督。资本是公司资产形成的基础和来源，是公司维持正常经营运转、承担财产责任的基本保障，公司只有在资本充足的情况下方能健康运营、长远发展。股东出资是形成公司财产的基础，股东按时足额缴纳其认缴的出资是股东最基本、最重要的义务，若股东不当履行出资义务，造成公司资本空虚，不但降低公司抵御经营风险能力，亦不利于外部债权人利益保护，给市场经济秩序造成负面影响。本案民营企业股东试图通过资本公积金转股本的财务处理方式实现认缴出资实缴的效果，法院从资本公积金转股本的原理、公司法相关条文的解释出发，认定资本公司公积金转增股本系指增加公司注册资本，而不能用于弥补公司实收资本，进而判令某影视文化公司继续履行对某信息公司的出资义务。该判决依法保障了民营企业及其债权人的利益，有助于提示企业加强内部风控，完善内部财务管理制度，规范股东出资行为，助力企业可持续发展。

7. 某物流公司诉某旅游公司、某科技公司旅游合同纠纷案（上海市青浦区人民法院司法服务保障民营企业健康发展典型案例之一）

某旅游公司系唯一股东某科技公司设立。某物流与旅游公司签订《采购项目合同》，约定旅游公司为物流公司提供出国游项目采购服务。合同签订后，物流公司支付了旅游费用。后因不可抗力原因，旅游公司暂停组织团队旅游活动。为此，旅游公司与物流公司签署补充协议，其中就"不可退订/退费但可延期项目"约定可延期费用使用截止日期以及金额，协议同时备注"应物流公司要求，对于此项目旅游公司将积极与供应商沟通退订退费，同时提供相应延期说明，如旅游公司协调成功，双方另外签署补充协议约定退款金额和时间。"物流公司认为，旅游公司未按照补充协议约定与其下游供应商沟通退订退费事宜、未提供任何延期说明，经多次催告，不予回应，致使物流公司丧失对旅游公司履行合同主要债务的合理期待，故主张退还"不可退订/退费但可延期项目"。青浦区人民法院经审理认为，物流公司以不可抗力为由主张解除合同的诉请成立，旅游公司未及时与供应商沟通退订退费事宜构成违约，应退还部分费用。科技公司未能举证证明与物流公司财产独立，对物流公司的还款义务承担连带清偿责任。

一人有限责任公司作为企业法人，具有独立人格，以其自身财产对外承担责任。一人公司财产独立是其人格独立的重要体现，而财务账册是反映公司财产状况的重要载体。同时，一人公司因其独特股权结构，极易被股东控制导致丧失独立法人人格。一人公司更需遵循公司法以及财务会计相关法律规定，编制规范财务会计账簿以及进行年度审计，企业需根据会计制度要求编制规范的财务资料，并妥善保管原始的财务资料以备核查与股东之间的资金往来是否导致财产混同。

公司法对一人公司财务报告编制、审计以及诉讼中的举证责任作出了明确规定。

本案中，旅游公司与物流公司案涉业务发生于2019年底，但2020年以后，旅游公司与其唯一股东科技公司因为经营状况不佳同时考虑减少审计费用支出，编制了2020年、2021年的资产负债表以及利润表，但未进行年度财务审计。而资产负债表以及利润表系旅游公司自行制作，未经审计机构予以审定，难以直接证明旅游公司与科技公司财产独立。另一方面，旅游公司作为一家企业理应按照财务制度要求编制规范的财务账簿，但经青浦区人民法院释明后仍未能提供会计凭证、会计账簿及会计报表等财务资料，由此需要承担财务制度不规范所产生的法律后果。

近年来，随着微信、支付宝等电子支付平台的广泛运用，不少中小企业尤其自然人股东设立的一人公司，为便捷交易，长期以股东的个人微信或支付宝账号等收取业务款项。同时，为了节省人力成本支出，未聘请专职财务人员做账，而是通过委托代记账进行财务管理，极易出现记账内容不完整、账簿保管不当等问题，以至于诉讼中无法提供账册或账册记载内容缺少原始凭证。在此情形下，股东因难以举证与公司财产独立需要对公司债务承担连带责任。

一人公司与股东在实际经营中均应秉持两者人格独立、财产独立的理念，在各自业务范围内使用自身账户收支款项，两者之间存有资金往来需求的，应标注款项性质、用途，并如实记录于财务账册。此外，还要注重财务资料妥善保留。

● **相关规定**

《公司法》第1章、第4章、第6章、第8~10章；《合伙企业法》；《个人独资企业法》

第三十九条　防范和治理腐败

国家推动构建民营经济组织源头防范和治理腐败的体制机制，支持引导民营经济组织建立健全内部审计制度，加强廉洁风险防控，推动民营经济组织提升依法合规经营管理水平，及时预防、发现、治理经营中违法违规等问题。

民营经济组织应当加强对工作人员的法治教育，营造诚信廉洁、守法合规的文化氛围。

● *典型案例*

杨某职务侵占案［上海法院依法平等保护促进民营经济发展 营造良好法治化营商环境的典型案例（第六批）之二］

杨某利用担任上海某信息科技有限公司销售经理的职务便利，在代表该公司与四家客户公司的项目洽谈和合同签订过程中，通过隐瞒公司项目进展真实情况，修改合同中公司名称和银行账户等手段，私自将上述订单转接至杨某实际控制的上海某网络科技有限公司名下。嗣后在履行合同过程中，杨某指使相关人员抄袭信息科技公司享有著作权的"样某汇"软件等资源为客户公司提供服务，达到截留合同款项为自己所用的目的。

法院经审理认为，杨某侵犯的是被害信息科技公司确定的财产利益，并非仅利用自己实际控制公司的技术、资金、成本等优势侵夺被害企业的商业机会，且杨某系利用职务便利将本公司财物非法占为己有，数额巨大，其行为已构成职务侵占罪，判处有期徒刑二年三个月，罚金3万元。

党的二十届三中全会提出，加强企业廉洁风险防控。《中共中央国务院关于促进民营经济发展壮大的意见》第11条明确规定构建民营企业源头防范和治理腐败的体制机制，依法加大对民营企业工作人员职务侵占、挪用资金、受贿等行为的惩处力度。《刑法修正案（十二）》进一步修订了民营企业内部人员背信犯罪的规定。本案系民营企业工作人员以侵夺商业机会方式实施职务侵占犯罪的典型案件，犯罪手段较隐蔽。本案的裁判厘清了侵夺商业机会类犯罪罪名认定的主要思路，即行为人如在侵夺商业机会后，自行承担经营风险，则存在构成非法经营同类营业罪的可能；如行为人此后不需要承担风险，则其所侵夺的系确定的商业机会利益，可构成职务侵占罪。本案依法惩处民营企业工作人员职务侵占行为，并通过类案风险的提示，为相关民营企业治理内部腐败体制的构建提供借鉴，更好实现对腐败风险的源头防范。

第四十条 财务管理、会计核算

民营经济组织应当依照法律、行政法规和国家统一的会计制度，加强财务管理，规范会计核算，防止财务造假，并区分民营经济组织生产经营收支与民营经济组织经营者个人收支，实现民营经济组织财产与民营经济组织经营者个人财产分离。

● 条文注释

本条旨在规范民营经济组织的财务管理行为，要求其依照法律、行政法规和国家统一的会计制度，加强财务管理，规范会计核算，防止财务造假。比如，依法设置会计账簿，不得账外设账；妥善保管会计凭证，禁止伪造、变造财务资料；通过规范会计核算，提升财务信息真实性，维护市场秩序和投资者权益。

● **典型案例**

某物业租赁公司与某投资公司、胡某损害公司利益责任纠纷案
(广东法院服务保障民营经济高质量发展十大典型案例之五)

某物业租赁公司是兼营商品批发的民营企业，股东之一为某投资公司。胡某担任物业租赁公司法定代表人、执行董事，也是投资公司的法定代表人、股东。2016年，物业租赁公司股东会作出决议：预计某项目利润约8亿元，投资公司利润约8000万元，最终以实际结算为准。物业租赁公司向投资公司支付了8000万元。现物业租赁公司认为胡某明知公司亏损却利用控制公司之便占有公司资金，起诉请求投资公司返还8000万元，胡某承担连带责任。

广东省高级人民法院生效判决认为，公司在完税、弥补亏损、提取法定公积金后，才能分配利润。物业租赁公司不符合分配利润条件，却提前向投资公司分配利润8000万元，投资公司应退还物业租赁公司。胡某同时担任物业租赁公司、投资公司高管，是提前分配利润的实际受益人，故判决投资公司向物业租赁公司返还8000万元，胡某承担连带责任。

公司不具备利润分配条件或未履行法定程序，股东不能取走公司财产。本案否定提前分配预计利润的效力，矫正股东违规提取或占有公司资金的行为，保护企业财产权，促进企业规范经营，维护了公司资本制度和法人独立地位，为公司治理提供行为规范指引。

第四十一条　员工共享发展成果

支持民营经济组织通过加强技能培训、扩大吸纳就业、完善工资分配制度等，促进员工共享发展成果。

第四十二条　社会责任评价体系和激励机制

探索建立民营经济组织的社会责任评价体系和激励机制，鼓励、引导民营经济组织积极履行社会责任，自愿参与公益慈善事业、应急救灾等活动。

第四十三条　海外投资经营

民营经济组织及其经营者在海外投资经营应当遵守所在国家或者地区的法律，尊重当地习俗和文化传统，维护国家形象，不得从事损害国家安全和国家利益的活动。

第六章　服务保障

第四十四条　政府履职、政企沟通

国家机关及其工作人员在促进民营经济发展工作中，应当依法履职尽责。国家机关工作人员与民营经济组织经营者在工作交往中，应当遵纪守法，保持清正廉洁。

各级人民政府及其有关部门建立畅通有效的政企沟通机制，及时听取包括民营经济组织在内各类经济组织的意见建议，解决其反映的合理问题。

● *相关规定*

《优化营商环境条例》第 11 条、第 39 条

第四十五条　听取意见建议

国家机关制定与经营主体生产经营活动密切相关的法律、法规、规章和其他规范性文件，最高人民法院、最高人民检察院作出属于审判、检察工作中具体应用法律的相关解释，或者作出有关重大决策，应当注重听取包括民营经济组织在内各类经济组织、行业协会商会的意见建议；在实施前应当根据实际情况留出必要的适应调整期。

根据《中华人民共和国立法法》的规定，与经营主体生产经营活动密切相关的法律、法规、规章和其他规范性文件，属于审判、检察工作中具体应用法律的解释，不溯及既往，但为了更好地保护公民、法人和其他组织的权利和利益而作的特别规定除外。

● **相关规定**

《立法法》第104条

第四十六条　优惠政策公开

各级人民政府及其有关部门应当及时向社会公开涉及经营主体的优惠政策适用范围、标准、条件和申请程序等，为民营经济组织申请享受有关优惠政策提供便利。

● **相关规定**

《政府信息公开条例》第19条、第20条

第四十七条　制定鼓励组织创业政策

各级人民政府及其有关部门制定鼓励民营经济组织创业的政策，提供公共服务，鼓励创业带动就业。

第四十八条　登记服务和个转企

登记机关应当为包括民营经济组织在内的各类经济组织提供依法合规、规范统一、公开透明、便捷高效的设立、变更、注销等登记服务，降低市场进入和退出成本。

个体工商户可以自愿依法转型为企业。登记机关、税务机关和有关部门为个体工商户转型为企业提供指引和便利。

第四十九条　人才培养

鼓励、支持高等学校、科研院所、职业学校、公共实训基地和各类职业技能培训机构创新人才培养模式，加强职业教育和培训，培养符合民营经济高质量发展需求的专业人才和产业工人。

人力资源和社会保障部门建立健全人力资源服务机制，搭建用工和求职信息对接平台，为民营经济组织招工用工提供便利。

各级人民政府及其有关部门完善人才激励和服务保障政策措施，畅通民营经济组织职称评审渠道，为民营经济组织引进、培养高层次及紧缺人才提供支持。

第五十条　依法开展执法活动

行政机关坚持依法行政。行政机关开展执法活动应当避免或者尽量减少对民营经济组织正常生产经营活动的影响,并对其合理、合法诉求及时响应、处置。

● *典型案例*

1. 重庆市某碎石厂等与重庆市某经济技术开发区应急管理局不履行行政补偿法定职责纠纷案〔重庆法院民营经济司法保护典型案例（第十批）之五〕

2017年至2018年,重庆市某经济技术开发区管理委员会（以下简称某经开区管委会）落实《重庆市2016年非煤矿山安全生产工作要点》等文件精神,决定对重庆市某碎石厂（以下简称某碎石厂）等非煤矿山企业予以永久性关闭。重庆市某经济技术开发区应急管理局（以下简称某经开区应急局）为落实责任主体单位,负有对非煤矿山企业予以关停补偿等工作。在关闭过程中,某经开区应急局与某碎石厂等非煤矿山企业未能就矿建公路补偿问题达成协议。某碎石厂等企业先后于2018年6月18日、2021年9月15日分别向某经开区管委会、某经开区应急局提出矿建公路补偿申请,某经开区应急局作出"关于矿建公路补偿请示的回复",告知某碎石厂等企业,对补偿请求可通过法律途径解决。某碎石厂等企业不服,诉至法院,要求某经开区应急局履行补偿职责。

人民法院经审理认为,某经开区应急局作为负有对非煤矿山企业予以关停补偿责任的主体单位,对某碎石厂等企业提出的补偿申请具有答复职责。其收到企业的补偿申请后,仅告知可通过法律途径解决,未针对非煤矿山企业关停补偿范围、补偿标准及补偿金额等具体补偿事宜予以答复，构成行政不作为。遂判决某经开区应急局在判决生效之日起60日内对某碎石厂等企业提出的补偿申请作出答复。一审判决后，当事人双方均未上诉，裁判已生效。

本案是人民法院纠正行政机关不作为，维护被关停非煤矿山企业行政补偿权益的典型案例。本案行政机关对企业提交的补偿申请没有针对性答复，属于变相的拒绝答复，构成行政不作为，侵害了企业及企业家的合法权益。本案判决有助于督促行政机关积极履行法定职责，引导行政机关依法保护民营企业及企业家合法权益，助力营造稳定、公平、透明、可预期的良好营商环境。

2. 某木业有限公司与某规划和自然资源局建设用地使用权纠纷案
[重庆法院民营经济司法保护典型案例（第十批）之八]

2011年4月25日，某木业有限公司（以下简称某木业公司）与某规划和自然资源局签订《国有建设用地使用权出让合同》，约定某木业公司支付国有建设用地使用权出让价款，某规划和自然资源局在2011年4月30日前将土地平整达到建筑物拆除完毕、周围基础设施实现三通的标准后，交付某木业公司。如因未按时提供出让土地，需向某木业公司给付相应违约金。2011年9月20日，案涉土地办理了国有土地使用权登记。合同签订后，至2019年土地上房屋拆迁仍未完成，土地交付时间已严重逾期。某木业公司遂起诉请求某规划和自然资源局将出让土地上的建筑物迅速拆迁完毕后交付其使用，并支付延期交付土地违约金。

人民法院经审查认为，某规划和自然资源局虽于2011年9月20日为案涉土地办理了国有土地使用权登记，但土地上仍有房屋尚未拆除，案涉土地未达到出让合同明确的交付条件，未按合同约定履行义务，遂判决某规划和自然资源局将建筑物拆除完毕的土地交付某木业公司，并支付相应违约金。一审判决后，某规划和自然资源局不服，提起上诉，二审判决驳回上诉，维持原判。

本案是依法督促行政机关按约履行合同义务，依法平等维护民营企业合法权益的典型案例。土地房屋主管部门作为土地出让方，应当按照合同约定的标准将土地交付受让企业占有使用，以便企业能全面及时完成对受让土地的规划和利用，合法合理开展生产经营活动。本案依法督促行政机关履行合同义务，平等保护民营企业合法权益，具有典型示范意义。

3. 某记公司诉某区市场监督管理局不履行注销登记职责案（重庆市第三中级人民法院民营经济司法保护典型案例之八）

2021年8月起，某记公司因长期未经营决议注销。经清算，某记公司先后四次向某区市场监管局提交企业注销登记申请及相关材料。虽然某记公司申请注销登记提交的材料已经齐全且符合法定形式，但是某区市场监管局均以案外人潘某某、征某某对某记公司申请注销登记提出异议为由，不予办理注销登记。然而潘某某、征某某的对某记公司的民事主张并未得到人民法院的支持，其异议理由不成立。2022年9月23日，某记公司再次向某区市场监管局提交了注销申请。某区市场监管局仍以潘某某、征某某提出异议为由，未予受理。某记公司遂起诉，请求判令某区市场监管局依法为某记公司办理企业注销登记。

重庆市南川区人民法院经审理认为，某记公司提交的注销登记申请，材料齐全且符合法定形式，潘某某、征某某的异议证据并不足以证明其对某记公司享有尚未清算的债权，不能成为阻却某记公司注销登记的合法事由。某区市场监管局在法定期限内未对注销登记申请依法作出处理，已构成怠于履行法定职责，应予以纠正。但鉴于办理企业注销登记属于某区市场监管局的行政职权，且具有严格的法定程序，不宜由人民法院直接责令某区市场监管局为某记公司办理注销登记，应责令某区市场监管局对某记公司的注销登记申请依法作出处理。遂当庭宣判责令某区市场监管局于本判决生效之日起一个月内对某记公司的注销登记申请依法作出处理。

一审判决宣判后，双方当事人均服判，本案现已生效。

本案系人民法院切实发挥行政审判职能，保障民营企业市场退出权益的典型案例。市场是双向开放的，企业不仅拥有市场准入权，也拥有市场退出权。企业市场退出是市场经济自然循环的结果，也是市场经济保持活力的重要前提。依法保障民营企业行使市场退出权，助力市场要素资源的优化配置，是推动高质量发展、提升营商环境的必然要求。某区市场监管局未对某记公司的注销登记申请依法作出处理，导致某记公司不能及时退出市场，仍需负担相关管理费用，造成了市场要素资源的浪费。人民法院通过当庭宣判责令某区市场监管局限期对某记公司的注销登记申请依法作出处理，既有人民法院严格保障民营企业合法权益的司法力度，又有实际解决民营企业"退出难"问题的司法温度，对畅通市场主体"退路"，增强经济发展"活路"，营造进退有序、公平透明可预期的营商环境，具有示范意义。

● **相关规定**

《行政处罚法》第4条

第五十一条　行政处罚实施

对民营经济组织及其经营者违法行为的行政处罚应当按照与其他经济组织及其经营者同等原则实施。对违法行为依法需要实施行政处罚或者采取其他措施的，应当与违法行为的事实、性质、情节以及社会危害程度相当。违法行为具有《中华人民共和国行政处罚法》规定的从轻、减轻或者不予处罚情形的，依照其规定从轻、减轻或者不予处罚。

● *相关规定*

《行政处罚法》第5条、第32条、第33条

第五十二条　监管信息共享互认

各级人民政府及其有关部门推动监管信息共享互认，根据民营经济组织的信用状况实施分级分类监管，提升监管效能。

除直接涉及公共安全和人民群众生命健康等特殊行业、重点领域依法依规实行全覆盖的重点监管外，市场监管领域相关部门的行政检查应当通过随机抽取检查对象、随机选派执法检查人员的方式进行，抽查事项及查处结果及时向社会公开。针对同一检查对象的多个检查事项，应当尽可能合并或者纳入跨部门联合检查范围。

第五十三条　投诉举报处理

各级人民政府及其有关部门建立健全行政执法违法行为投诉举报处理机制，及时受理并依法处理投诉举报，保护民营经济组织及其经营者合法权益。

司法行政部门建立涉企行政执法诉求沟通机制，组织开展行政执法检查，加强对行政执法活动的监督，及时纠正不当行政执法行为。

| 第五十四条 | 失信惩戒和信用修复 |

健全失信惩戒和信用修复制度。实施失信惩戒，应当依照法律、法规和有关规定，并根据失信行为的事实、性质、轻重程度等采取适度的惩戒措施。

民营经济组织及其经营者纠正失信行为、消除不良影响、符合信用修复条件的，可以提出信用修复申请。有关国家机关应当依法及时解除惩戒措施，移除或者终止失信信息公示，并在相关公共信用信息平台实现协同修复。

● 实用问答

问：信用修复的具体实施程序具体包括哪两个方面？

答：一是民营经济组织及其经营者提出信用修复申请，其前提是民营经济组织及其经营者必须纠正失信行为、消除不良影响、符合信用修复条件；二是有关国家机关应当依法及时解除惩戒措施，具体操作要求是移除或者终止失信信息公示，并在相关公共信用信息平台实现协同修复。通过信用监管的完整闭环，既保障监管权威性，又给予企业改过自新的机会，实现法律效果与社会效果的统一。

● 典型案例

1. 某印刷公司与某电器科技公司、张某等买卖合同纠纷案（广东法院服务保障民营经济高质量发展十大典型案例之四）

某电器科技公司章程约定出资期限至2025年12月31日届满，但在国家企业信用信息公示系统公示公司注册资本已全部实缴。张某等人是电器科技公司股东。各股东在工商机关填报的《自然人股东股权变更信息记录表》（非公示信息）中确认，电器科技公司实收资本0元。电器科技公司欠某印刷公司货款未还，印刷公司起诉请求电器科技公司偿还欠款，各股东在未出资本息范围内承担赔偿责任等。

广东省高级人民法院生效判决认为，虽然公司章程约定的出资期限未届满，但债权人对于市场主体在国家企业信用信息公示系统公示信息形成的合理信赖应予保护，应按电器科技公司公示的实缴出资时间作为出资期限，故判决电器科技公司偿还货款，各股东在未出资本息范围内承担补充赔偿责任，各股东未缴出资的利息起算点，应按电器科技公司对外公示的股东实缴出资时间确定。

本案入选了2022年度全国法院十大商事案例。本案中，股东未实际出资却纵容公司在国家企业信用信息公示系统公示已实缴出资，误导社会公众及交易相对方，故股东应按公示信息对公司的债务承担补充赔偿责任。人民法院充分发挥司法审判职能，与行政管理、社会监督合力治理市场环境，强化企业信用约束手段，提高社会信用监管效能，助力营造稳定、公平、透明、可预期的市场环境和法治化的营商环境。

2. 某灯饰公司与某银行A支行、B支行其他侵权责任纠纷案（上海市青浦区人民法院司法服务保障民营企业健康发展典型案例之五）

2012年9月11日，某灯饰公司与某银行A支行签订《商业汇票贴现合同》并约定：A支行对某灯饰公司持有的涉案银行承兑汇票予以贴现；承兑银行在异地的，另给予3日的划款日期等。后B支行为灯饰公司具体办理票据贴现业务，并按约支付灯饰公司票据贴现款。涉案票据记载的到期日为2013年2月28日，B支行则于2013年3月1日向付款行邮寄涉案票据，并于2013年3月6日收到付款行支付的票据款。此后，灯饰公司通过建设银行企业网上银行申请小微企业快贷，被建设银行贷款部门审批不通过。经核实，灯饰公司申请贷款遭拒的原因，在于其企业信用报告中被A支行记入了涉案票据贴现逾期、关注类等不良记录信息。为此，灯饰公司向青浦区人民法院起诉，要求 A、B 支行撤销其企业信用报告中的不良记录。

青浦区人民法院经审理认为，票据系文义证券，涉案票据记载的汇票到期日为 2013 年 2 月 28 日。而根据 A 支行举证的该银行内部规范，付款行在异地的，贴现行应在银行承兑汇票到期前至少 7 日向承兑银行办理委托收款。因此，B 支行于 2013 年 3 月 1 日才向付款行邮寄涉案票据，存在不当迟延，亦违反其内部流程规范，故 B 支行逾期获得付款与灯饰公司无关。并且，因灯饰公司企业信用报告中被记入不良记录，已客观上造成其无法申请小微企业贷款等损害后果。因此，A 支行、B 支行的相关行为构成侵权行为，理应向中国人民银行申请撤销灯饰公司企业信用报告中的相应不良记录。据此，青浦区人民法院支持了灯饰公司的诉讼请求。

一方面，信用评价本质上可归属于名誉权。信用评价是由信用评价人按照一定方法和程序采集、整理、保存、加工民事主体的信用信息的一种方式。从《民法典》的立法体例来看，其中第 1029 条列入了人格权编名誉权和荣誉权章中，故民事主体的信用评价在本质上可归属于名誉权的一部分。因过错侵害民事主体的信用评价，可构成侵权行为。虽然涉案侵权行为发生于《民法典》施行前，但本案例对侵害企业征信行为的性质作出准确的司法认定，对于民法典施行后相关案件亦具有一定的参考意义。

另一方面，企业信用评价对企业经营至关重要。企业融资难是目前多数小微企业经营发展中所面临的困境，而银行征信报告往往对企业融资行为具有重要作用。信用评价的公信力有赖于信息的客观、真实和全面，而信息不当很可能致使其他金融机构因信息不当作出错误判断，从而导致企业丧失融资机会。本案例涉及企业信用评价和信用信息保护，银行理应对采集到的企业信用信息全面审查，且银行应当对企业信用信息的调整负有严格审查义务。在信用评价不当的情况下，应当及时对错误的信用信息进行更正、删除，确保信用评价体系能够更加准确地反映企业信用状况。

本案例中，青浦区人民法院在查明企业征信不良记录的发生与企业无关，而系银行自身过错所致，故判决支持小微企业的诉讼请求。从而使小微企业能够在其他金融机构正常申请小微企业贷款，对缓解民营企业融资难、融资成本高等问题具有积极的实践意义。

第五十五条　矛盾纠纷多元化解

建立健全矛盾纠纷多元化解机制，为民营经济组织维护合法权益提供便利。

司法行政部门组织协调律师、公证、司法鉴定、基层法律服务、人民调解、商事调解、仲裁等相关机构和法律咨询专家，参与涉及民营经济组织纠纷的化解，为民营经济组织提供有针对性的法律服务。

● **条文注释**

本条确立了民营经济纠纷多元化解机制，并明确司法行政部门整合各类法律服务资源，为民营经济组织提供有针对性的法律服务。对涉及民营经济组织的纠纷，司法行政部门应当积极履行职责，组织协调律师、公证、司法鉴定、基层法律服务、人民调解、商事调解、仲裁等相关机构和法律咨询专家，参与纠纷化解工作，为民营经济组织提供高效、便捷、低成本的维权渠道。比如，对知识产权方面的纠纷，组建专家调解委员会进行调解，为民营经济组织节约维权成本；对劳资方面的纠纷，推行"调解+仲裁"衔接机制，提高纠纷化解效率。

典型案例

1. 员工罢工辞职索赔，企业无错无需赔偿案（2020—2021年度江苏盐城全市法院服务民营经济十大典型案例之七）①

2019年1月以来，某汽车饰件公司部分员工就社会保险缴费问题与公司发生矛盾，要求公司按实际月工资基数补缴2018年7月以前的社会保险。2019年2月，陈某某等员工再次与公司发生矛盾并在工作期间罢工。当日，公司在车间内张贴《告员工书》，告知公司已责成相关部门统计整理员工历年工资数据，并与社保部门联系补缴社会保险事宜。后陈某某等15人委托律师向公司发出《律师函》，告知立即解除与公司劳动合同关系，并要求支付经济补偿金。公司通知陈某某等人与公司共同到社保中心一起缴费。陈某某未按通知要求与公司共同完成社会保险费补缴事宜，而向劳动争议仲裁委员会申请仲裁，要求公司支付解除劳动合同经济补偿金。仲裁委对陈某某的仲裁请求不予支持。陈某某不服仲裁结果，遂诉至经开区法院。

本案中，在员工对企业未足额缴纳社保提出异议后，企业即作出了公开承诺，同时积极联系社保机构，核算相关应补缴费用，并通知员工共同一起办理补缴事宜。但员工未在企业承诺补缴社保费用并积极履行期间，主动解除与企业的劳动合同关系，其行为显属不当。经开区法院判决驳回原告陈某某的诉讼请求。陈某某不服提出上诉。市中院经审理，依法驳回上诉，维持原判。

因本案及同类关联案件数量较多，被告公司内有大量员工高度关注本案判决结果，经开区法院多次组织双方协商调解未果。在此情况

---

① 参见《2020—2021年度全市法院服务民营经济十大典型案例》，载盐城中院微信公众号，https://mp.weixin.qq.com/s/lGCiLdZKU_uK357sah2UzQ，发布时间：2022年5月20日，最后访问时间：2025年5月6日。下文同一出处案例不再提示。

下，该院就社会保险费补缴事宜与社保中心进行沟通，掌握了单位缴纳部分和个人缴纳部分必须共同补足的政策，并及时作出判决。法院充分考虑企业处理纠纷过程积极主动的态度，在企业同意补交社会保险费用而员工拒绝补交个人部分的情况下，判决驳回了员工的诉讼请求，取得了良好的价值导向，也保障企业以最快的速度恢复正常生产秩序。

2. 重庆某置业有限公司与重庆市某区住房和城乡建设委员会行政征缴案［重庆法院民营经济司法保护典型案例（第十二批）之二］

重庆某置业有限公司（以下简称某置业公司）系从事房地产开发的民营企业。2017年1月，该置业公司与某镇政府达成招商引资协议，由该置业公司开发某地产项目。该项目获得施工许可后，某置业公司缴纳了该地产项目部分城市建设配套费，欠缴部分为278万余元。2020年12月28日，重庆市某区某工程清理处置工作领导小组（以下简称某工程领导小组）召开专题会议并形成会议纪要，明确某置业公司欠缴的城市建设配套费及滞纳金由某镇政府用欠付该置业公司的工程款代缴。2022年9月，重庆市某区住房和城乡建设委员会（以下简称某区住建委）作出行政决定告知书，向某置业公司开发的前述项目征收城市建设配套费278万余元以及相应滞纳金。某置业公司不服该行政决定，起诉至人民法院。

人民法院经审理认为，涉案行政争议因某区住建委作出的行政决定与某工程领导小组会议纪要存在冲突而引发，行政机关应当恪守信用、履行承诺。为实质性化解行政争议，人民法院向某区住建委发送司法建议，建议以非诉讼方式解决争议，做好与行政相对人的沟通协商工作，充分保障行政相对人的合法权益。随后，人民法院联合人民检察院召开联席会议，提出实质化解行政争议的解决方案，并组织某区住建委与某置业公司面对面协商。经协调化解，当事人各方达成一致意见，严格按照某工程领导小组会议纪要，由某镇政府用欠付重庆某置业有限公司的工程款代缴该项目的城市建设配套费本金及滞纳金，某区住建委主动撤销案涉行政决定，某置业公司自愿撤回起诉。

本案系法检协同监督行政机关遵守妥当性原则合理行政的典型案例。人民法院在发现案涉行政决定与会议纪要冲突后，及时联合检察院召开联席会议、组织协调化解，积极促成行政机关自行纠正行政行为，实现行政争议实质化解。为避免后续类似争议，人民法院向某区政府发送专项报告，推动某区政府采取措施，从更大范围上维护更多企业的合法权益。本案实质性化解行政争议的做法，以更便捷高效的形式督促行政机关诚信执法，依法维护了民营企业的合法权益，为助力营造稳定、公平、透明、可预期的法治化营商环境提供了有益实践。

3. 某建设公司申请某药业公司破产清算案（河北高院发布护航民企发展典型案例民商事之二）

2021年12月25日，某建设公司向法院申请对某药业公司进行破产清算。某建设公司的申请理由为：其承建某药业公司氨基酸系列项目，已按约定完成施工，并于2019年11月10日将项目工程整体移交给某药业公司。2021年6月7日，双方签订《石家庄某药业药用氨基酸系列项目竣工结算协议书》，确定该项目的最终决算金额为1423万元。某建设公司称药业公司自2018年6月8日至2020年9月4日，陆续向其支付工程款5636916元，尚欠工程款8593084元。某建设公司于2021年8月27日向药业公司邮寄律师函催要剩余工程款及利息，药业公司未能履行。某建设公司认为药业公司长期处于停止经营状态，不能清偿到期债务，明显缺乏清偿能力，故向法院申请对某药业公司破产清算。

　　法院在审查中，发现该药业公司曾被河北省科技厅评定为河北省科技型中小企业，入选《河北省工业企业重点技术改造项目》，是一家具有发展潜力的科技型企业。但受多种因素影响企业处于停工状态，缺乏流动资金，经营陷入困境，短期内不能清偿建设公司工程款。收到法院送达的破产清算申请书后，该药业公司向法院表示公司正在与投资人进行谈判，债权人申请其破产的信息会给公司带来严重的负面影响，希望法院尽快为企业消除影响，驳回某建设公司的破产清算申请。此时已临近春节，某建设公司表示因药业公司拖欠工程款导致其无钱向农民工发工资，向法院递交多份材料要求法院从保护农民工权益出发，尽快受理其提出的破产申请，避免引发农民工讨薪的群体性事件。

　　经审查，法院最终认为某药业公司是一家具有发展潜力的创新型企业，企业资产大于负债，且具备清偿能力，不符合破产条件，遂于2022年1月4日作出不予受理某建设公司破产申请的裁定。

　　裁定作出后，建设公司向法院递交了上诉状，为彻底解决两企业间的矛盾纠纷，法院委派调解组织对建设公司与药业公司之间的工程款纠纷进行调解，并对调解过程进行跟踪指导，最终促使两企业达成调解协议并于2022年4月2日向法院申请司法确认，法院于同日作出民事裁定。某建设公司向法院撤回了对不予受理破产申请裁定的上诉。

　　对于破产申请人与破产企业之间的建设工程施工合同纠纷，法院经审查认为不符合破产条件，但未一裁了之，而是延伸司法功能，把多元纠纷调解机制挺在前面，发挥调解前置的综合治理职能作用，积极引导企业由调解组织进行调解，通过诉前调解、非诉讼解决手段，运用"诉前调解+司法确认"的纠纷解决机制，成功调解了该起纠纷。既满足了某建设公司的诉请，有效地维护了社会稳定，又及时消除了破产申请对药业公司的负面影响，为企业后续健康发展提供了保障。在恪守法律原则的同时兼顾社会效果，使两家面临经营危机的企业矛盾得以化解，取得了良好的社会效果，受到了当事人的好评。

第五十六条　行业协会商会作用

有关行业协会商会依照法律、法规和章程，发挥协调和自律作用，及时反映行业诉求，为民营经济组织及其经营者提供信息咨询、宣传培训、市场拓展、权益保护、纠纷处理等方面的服务。

第五十七条　国际化发展

国家坚持高水平对外开放，加快构建以国内大循环为主体、国内国际双循环相互促进的新发展格局；支持、引导民营经济组织拓展国际交流合作，在海外依法合规开展投资经营等活动；加强法律、金融、物流等海外综合服务，完善海外利益保障机制，维护民营经济组织及其经营者海外合法权益。

第七章　权益保护

第五十八条　合法权益受法律保护

民营经济组织及其经营者的人身权利、财产权利以及经营自主权等合法权益受法律保护，任何单位和个人不得侵犯。

● **典型案例**

1. 冉某职务侵占再审案（广东法院服务保障民营经济高质量发展十大典型案例之一）

某葡萄酒公司授权冉某为广东办事处主任，销售该公司生产的葡萄酒，但未持续支付劳动报酬。2008年下半年开始，该办事处由冉某自主经营、独立核算、自负盈亏。其后，冉某以该公司广东办事处名义与客户签订葡萄酒经销合同，从该公司购买葡萄酒销售给客户，从中赚取差价31万余元。

广东省高级人民法院生效判决认为，案发期间冉某与某葡萄酒公司不存在事实雇佣关系，并承担了广东办事处的经营成本，占有溢价销售款不能认定为有非法占有故意，不构成职务侵占罪。再审改判冉某无罪。

本案再审改判无罪，划清了罪与非罪的界限，为规范职务侵占犯罪的认定标准提供了实践范例，充分体现人民法院贯彻落实党中央和最高人民法院关于加强企业家人身权益司法保护的决策部署，展示了人民法院坚持平等保护、全面保护、依法保护的决心，传导了谦抑审慎、宽严相济的刑事司法理念，对强化企业产权和企业家权益司法保护具有较强指导意义。

2. 吴某某、王某某、程某职务侵占罪案［重庆法院民营经济司法保护典型案例（第九批）之七］

吴某某原系重庆某公司下属汽车销售公司财务经理，王某某原系该公司财务结算，程某原系该公司出纳。2015年10月至2020年6月，三名被告人利用职务便利，采用将公司对公账户的公款直接转至吴某某及其朋友涂某的私人账户、开具公司支票取现、收取客户购车款现金不入账等方式侵占公司资金，并做假账逃避公司审查，累计侵占 24071616.72 元。2020 年 7 月 10 日，被告人吴某某、王某某、程某主动前往公安机关投案，如实供述了上述事实。

重庆市永川区人民法院经审理认为，被告人吴某某作为公司的财务经理，伙同被告人王某某、程某共同利用职务上的便利，将公司的财物非法占为己有，数额巨大，三人的行为均已构成职务侵占罪，应负刑事责任，公诉机关指控的事实和罪名成立。法院遂以职务侵占罪，判处被告人吴某某有期徒刑十三年，并处没收个人财产 50 万元，退赔被害单位 24071616.72 元；判处被告人王某某有期徒刑八年，并处罚金 20 万元，在共同侵占的 14030019.34 元范围内承担共同退赔责任；判处被告人程某有期徒刑五年，并处罚金 10 万元，在共同侵占的 8077257.06 元范围内承担共同退赔责任。宣判后，三名被告人均未上诉，公诉机关未抗诉，判决已生效。

本案是人民法院依法保护民营企业财产权，为大中型民营企业高质量发展保驾护航的典型案例。资金是企业的血液，是企业生存和发展的基础，企业内部员工职务侵占等违法犯罪行为侵害企业合法财产权、损害企业发展根基，同时也严重影响市场经营环境。本案中，人民法院依法惩处侵犯民营企业财产权的犯罪行为，依法保障了企业正常经营活动，维护了民营企业资金安全，并引导民营企业增强风险意识，从制度上预防内部工作人员侵犯企业权益，为民营企业高质量发展提供有力司法保障。

3. 黄某某、殷某某职务侵占案 [重庆法院民营经济司法保护典型案例（第十二批）之四]

2023 年 1 月至 2 月，被告人黄某某、殷某某共谋，利用二人负责深圳某科技有限公司（系民营企业，以下简称某科技公司）梁平区网格站物流配送的职务之便，采取关闭监控录像、删除交易记录等方式，由被告人殷某某具体负责对某科技公司配送至网格站内的牛奶、食用油等货物，通过拍摄虚假送达照片、伪造收货地定位等手段向某科技公司举证，让其误以为货物送达后出现丢失等情况，并给下单顾客做退款处理，共计截留货物价值22.8万余元，后以低于市场价的价格进行出售。被告人黄某某从中获利8万余元，被告人殷某某从中获利1万余元。案发后，二被告人于2023年3月20日共同对某科技公司赔偿22.81万余元。

人民法院经审理认为，被告人黄某某、殷某某以非法占有为目的，利用职务便利，将本单位财物非法占为己有，数额较大，其行为均已构成职务侵占罪。综合考虑黄某某、殷某某的犯罪事实、性质、社会危害程度以及法定、酌定从宽处罚情节，以职务侵占罪分别对黄某某判处有期徒刑一年，缓刑一年六个月，并处罚金十五万元；对殷某某判处有期徒刑一年，缓刑一年六个月，并处罚金五万元。宣判后，被告人未上诉，检察院未抗诉，裁判已生效。

本案系依法惩处社区电商网格站管理员"监守自盗"犯罪行为，维护社区电商经营秩序和民营企业合法权益的典型案例。社区电商作为新零售领域的新型电商模式，在促进实体经济和数字经济深度融合，进一步便利和丰富社区群众生活消费方面发挥了积极作用，但其线上化、虚拟化、多元化特点也滋生出许多监管难题，为非法牟利行为提供了"可乘之机"。本案中，黄某某、殷某某利用职务便利和赔偿机制，通过伪造货物丢失假象、侵占倒卖货物等形式非法获利，损害电商平台民营企业的财产权益，扰乱正常经营秩序，影响群众社区生活。本案依法惩处相关犯罪行为，有助于保护电商平台民营企业合法权益，提升群众社区购物体验，促进社区电商经济规范、有序、健康发展。

4. 某证券公司与某科技公司证券交易合同纠纷案（北京金融法院涉民营企业保护典型案例之十）

某证券公司与某科技公司债券交易合同纠纷案，双方在诉讼中达成调解协议：某科技公司在约定的时间内向某证券公司偿还拖欠的债券本金4亿元及相应利息。调解书生效后，某科技公司未能按期足额履行，某证券公司向法院申请强制执行，法院于2023年1月30日立案执行。

执行中查明，该案在诉讼阶段足额保全了被执行人财产，其中最具价值的是其持有的某药业上市公司的股票。该药业上市公司持有知名中药古方，股价长期保持相对稳定。为保有上述核心资产，被执行人在执行立案前分别于2022年7月15日、2022年12月15日、2022年12月29日分三次主动履行了1亿元、0.3亿元、0.1亿元执行款。

进入执行程序后，被执行人向法院申请给予一定宽限期，允许其筹措资金自动履行，法院同意自2023年4月起给予被执行人9个月的宽限期。在此期间，被执行人分别于2023年4月12日、2023年5月31日、2023年8月23日、2023年11月6日、2023年11月14日和2023年12月18日偿还1亿元、0.5亿元、0.35亿元、0.4亿元、0.18亿元和0.74亿元。至此，被执行人自动履行共计4.57亿元。因被执行人资金困难，后续无法自动履行剩余标的额9500余万元，需要处置在案保全股票以清偿债务。

为妥善处置本案，法院决定适用优化营商环境工作室工作机制进行处理，制定了"两分两拍、四主一补"方案，分两批计五次共处置股票1183万股，拍卖所得价款足额覆盖全部剩余债权后，富余100万余元，须退还被执行人。该方案与一次性拍卖的传统处置方式相比，少处置被执行人股票230万股，少富余1900万元，富余金额仅为后者的二十分之一。

《中共中央 国务院关于促进民营经济发展壮大的意见》第 10 条明确规定，要依法保护民营企业产权和企业家权益，进一步规范产权强制性措施，避免超权限、超范围、超数额、超时限查封和扣押冻结财产，采取必要的保值保管措施，最大限度减少对正常办公和合法生产经营的影响。该案诉讼阶段已经足额保全了被执行民营企业持有的上市公司股票，在确保能够完全实现申请执行人胜诉权益的前提下，充分落实善意文明执行理念，适用优化营商环境工作室工作机制，精细谋划执行方案，采取给予自动履行宽限期与处置被执行民企财产相结合的方案，精准处置已经查控的财产，对在案冻结股票采取"两分两拍、四主一补"的处置方式（即分拆拍卖、分批拍卖；四批次主要拍卖完成剩余执行标的 90%，最后一次补充拍卖完成其余 10%），实现了兑现申请执行人全部胜诉权益、处置被执行民企财产最少化、对被执行民企经营影响最小化、对案涉上市公司股价及中小股民影响最小化的四重目标。

5. 某流体设备技术公司与施某损害公司利益责任纠纷案（上海市青浦区人民法院司法服务保障民营企业健康发展典型案例之二）

某福公司系由上海某投资公司与西班牙某设备公司合资的外商投资企业，系西班牙某设备公司的阀门产品在中国的代理商。在涉案业务期间，施某系某福公司的总经理、董事。

2017 年 9 月 6 日，某普公司向施某在某福公司的工作邮箱发送询价邮件，邀请其对某项目所涉的阀门进行报价。9 月 26 日，某普公司再次向施某的工作邮箱发邮件邀请报价，施某安排某福公司销售部工作人员刘某予以跟进。后续，刘某就阀门样本简介、资质文件以及价格等与某普公司进一步磋商。

2017年年底，施某安排其实际控制的某翔公司参与涉案项目的投标工作，并以提高效率为由向某普公司解释更换投标主体。2018年1月，某翔公司与某普公司进行签约，某普公司向某翔公司采购案涉阀门2853台，总价款3133439美元。

2018年2月至3月，施某通过某福公司相关人员促成某翔公司与西班牙某设备公司签约，涉及案涉阀门2853台，总价款1910675美元。后续，西班牙某设备公司安排某福公司共同参与上述合同项下阀门的生产、运输等，并直接向某普公司交货。

后某福公司认为，施某利用职务便利，非法谋取原本属于某福公司的商业机会，获得合同差价122.2764万美元，故应将该122.2764万美元赔偿给某福公司。施某则认为，系争商业机会系其个人的商业机会，并向某福公司披露，双方共同参与，共同获益，没有损害某福公司利益。经审查，青浦区人民法院支持了某福公司的全部诉讼请求。

随着新型交易模式的发展，商业机会的内涵、外延越发丰富，《公司法》第148条第1款第5项的原则性规定已不能满足司法实践的需要。本案的审理难点在于，在公司参与交易的背景下，系争商业机会的归属以及董事、高管是否合法利用该商业机会进行司法认定。本案中，某福公司参与交易的部分环节，施某向某福公司披露了部分内容并通过某福公司促成西班牙某设备公司与某翔公司签约等事实，从表象上看很难认定施某利用职务便利谋取了属于公司的商业机会。

本案结合"公司参与"的这一特殊性，从公司商业机会的立法意图出发，明确高管忠实义务的判断标准，综合考量被告施某提出的共同机会等抗辩理由，分两步明确了商业机会的归属以及"谋取"的认定因素。

在商业机会的归属认定上，坚持以公平为原则，着重从公司的经营活动范围、公司对商业机会的实质性努力等方面综合判断。在明确施某的职务身份的基础上，采用客观化的要素分析考量商业机会的归属。首先，通过公司的经营活动范围确定公司商业机会的保护边界，在司法审查中从形式和实质两个层面进行把握。形式上对公司登记的经营范围进行审查，若该商业机会不在注册的范围内，则需进一步从实质方面进行审查，即公司实际的经营活动范围。其次，属于公司的商业机会产生离不开公司的实质性努力。实质性努力是公司董事、高管等具有特定身份的人实施的营造行为，这种营造行为一般表现为公司为获取该商业机会而投入的人力、财力等资源，或者是在以往经营中逐渐形成的，尤其在案件审理过程中需明确商业机会来源的核心资源，对于核心资源的判断应以对商业机会生成起到关键作用为标准，比如人力资本、财力、信息、渠道、资料等。最后，对商业机会归属的判断，也应考量机会提供者对交易相对人的预期，理论及实务界对这一因素普遍持认可态度。实务中多数机会提供者没有明确意向，但若机会提供者有明确意向，在案证据亦可佐证，审理中可据此作出判断。

在高管的行为是否构成"谋取"上，应以善意为标准，重点审查披露的及时性、完全性、有效性。针对有限责任公司合意性较强的特点，重点审查公司是否在事实上同意，而公司同意的前置条件在于高管对公司尽到了如实的披露义务，甄别高管的披露动机是否善意，以判断其是否履行忠实义务。在披露时间的及时性上，从理性管理人的角度考虑，审查高管是否在利用公司机会之前就将商业机会披露给公司，除非在诉讼中能够承担其行为对公司公平的举证责任。在披露内容的完全性上，高管向公司应真实、准确以及完整地披露包括交易相对方、性质及标的等与机会本身有关的事实、与公司利益有关联的信息，不得故意陈述虚伪事实或者隐瞒真实情况，具体认定上应从正常合理的角度去考量，高管应作出一个普通谨慎的人在同等情形下应作出的勤勉和公正。在披露效果的有效性上，需确保公司决定是在已及时、充分了解商业机会相关的所有内容，而非基于瑕疵披露的"引诱"而作出错误决定。

● **相关规定**

《宪法》第 13 条；《中小企业促进法》第 50 条

第五十九条　人格权益保护

民营经济组织的名称权、名誉权、荣誉权和民营经济组织经营者的名誉权、荣誉权、隐私权、个人信息等人格权益受法律保护。

任何单位和个人不得利用互联网等传播渠道，以侮辱、诽谤等方式恶意侵害民营经济组织及其经营者的人格权益。网络服务提供者应当依照有关法律法规规定，加强网络信息内容管理，建立健全投诉、举报机制，及时处置恶意侵害当事人合法权益的违法信息，并向有关主管部门报告。

人格权益受到恶意侵害的民营经济组织及其经营者有权依法向人民法院申请采取责令行为人停止有关行为的措施。民营经济组织及其经营者的人格权益受到恶意侵害致使民营经济组织生产经营、投资融资等活动遭受实际损失的，侵权人依法承担赔偿责任。

● 典型案例

黄某某、吕某某敲诈勒索案 [重庆法院民营经济司法保护典型案例（第十二批）之七]

被告人黄某某为谋取非法利益，与他人共谋利用网络公众平台发布或相互转载足以影响企业正常经营的负面文章，采用假借合作或付费删帖的方式，勒索企业财物。2017年4月至2023年5月，黄某某在某微信公众号等自媒体平台发布、转载天津某生物工程有限公司、广州某信息科技有限公司等21家民营企业涉传销等负面信息的文章，以删帖、消除影响为由迫使企业支付"公关费"，借机勒索上述企业人民币共计55.6万元。其间，为方便实施敲诈勒索及收取勒索款，黄某某还申请成立了独资企业某文化传媒（重庆）有限公司。被告人吕某某明知黄某某在实施敲诈勒索犯罪行为，仍提供自己的银行卡及微信、支付宝账户帮助黄某某收取赃款共计12万元。

人民法院经审理认为，被告人黄某某以非法占有为目的，多次勒索他人财物，数额特别巨大，其行为构成敲诈勒索罪；被告人吕某某明知他人实施敲诈勒索犯罪，而为其提供支付账户，并帮助收取赃款，犯罪所得数额巨大，其行为构成敲诈勒索罪。根据二被告人在共同犯罪中的地位作用、社会危害程度及悔罪表现等因素，以敲诈勒索罪判处黄某某有期徒刑十年，并处罚金五万元，以敲诈勒索罪判处吕某某有期徒刑二年，缓刑二年六个月，并处罚金五千元。宣判后，被告人未上诉，检察院未抗诉，裁判已生效。

本案系人民法院严厉打击网络"黑嘴"敲诈勒索民营企业犯罪，维护清朗网络空间和法治化营商环境的典型案例。民营经济是推进中国式现代化的生力军，是高质量发展的重要基础。实践中，有的不法分子为获取非法利益，通过自媒体平台炮制涉民营企业负面言论，以收取"合作费""公关费"为名向民营企业敲诈勒索财物，严重损害民营企业商业信誉及合法权益。本案中，黄某某等人通过微信公众号等自媒体平台发布、转载民营企业负面文章，采用假借合作或付费删帖的方式，先后对21家企业实施敲诈勒索，非法收取钱财，构成敲诈勒索罪。本案的依法严惩，有力震慑了此类犯罪，增进了民营企业和企业家投资兴业信心，为维护法治化营商环境，促进民营经济发展壮大提供了司法助力。

● *相关规定*

《民法典》第995条

第六十条　依法开展调查、实施强制措施

国家机关及其工作人员依法开展调查或者要求协助调查，应当避免或者尽量减少对正常生产经营活动产生影响。实施限制人身自由的强制措施，应当严格依照法定权限、条件和程序进行。

● *相关规定*

《刑事诉讼法》第66条、第81~82条

第六十一条　征收、征用财产

征收、征用财产，应当严格依照法定权限、条件和程序进行。

为了公共利益的需要，依照法律规定征收、征用财产的，应当给予公平、合理的补偿。

任何单位不得违反法律、法规向民营经济组织收取费用，不得实施没有法律、法规依据的罚款，不得向民营经济组织摊派财物。

● **相关规定**

《宪法》第 13 条；《民法典》第 117 条

第六十二条　查封、扣押、冻结涉案财物

查封、扣押、冻结涉案财物，应当遵守法定权限、条件和程序，严格区分违法所得、其他涉案财物与合法财产，民营经济组织财产与民营经济组织经营者个人财产，涉案人财产与案外人财产，不得超权限、超范围、超数额、超时限查封、扣押、冻结财物。对查封、扣押的涉案财物，应当妥善保管。

● **典型案例**

1. 重庆某酒店公司与重庆某建设公司保全财产置换案（重庆市江津区人民法院 2024 年度民营经济保护典型案例之七）

重庆某建设公司与重庆某酒店公司建设工程合同纠纷一案中，重庆某建设公司以案外人急于行使对重庆某酒店公司享有的债权为由，于 2022 年 10 月 13 日向人民法院提起诉讼，随后申请保全重庆某酒店公司价值 1067.9716 万元的财产。人民法院依法准予其财产保全申请，对重庆某酒店公司在甲银行（基本账户）、乙银行、丙银行账户中的存款 1067.9716 万元分别采取冻结措施（冻结期限一年），同时查封了该酒店用房的 6、7、8、9 层（房屋有抵押）。重庆某酒店公司向人民法院申请保全财产置换，愿意提供酒店用房的 -2 至 4 层作为担保，请求解除对银行账户存款和房屋的保全措施。人民法院对重庆某酒店公司在丙银行贷款 17000 万元进行了核实，确定贷款期限为 2016 年 5 月 27 日至 2025 年 5 月 26 日，以整幢酒店用房作抵押，截至目前未还本金为 12751 万元。丙银行于 2022 年和 2023 年分别委托两家评估公司评估抵押房产价值，评估价值分别为 41231.51 万元和

40706.35万元，其中6、7、8、9层单价为8900元/m^2；税务机关在回复法院的询函中称6、7、8、9层房屋估价为9000元/m^2。

重庆市江津区人民法院经审查认为，被保全人有多项财产可供保全的，在能够实现保全目的的情况下，人民法院应当选择对其生产经营活动影响较小的财产进行保全。财产保全的被保全人提供等值担保财产且有利于执行的，人民法院可以裁定变更保全标的物为被保全人提供担保财产。本案中，重庆某酒店公司主要承接中大型宴会、酒席。基本户冻结后，人民法院了解到部分客户对酒店的财务状况、经营能力产生了怀疑，一定程度上影响了酒店的生产经营。人民法院走访了解重庆某酒店公司经营状况，调查核实用于置换担保物后，发现该物业地段优越，经营尚可，经结合放贷银行（抵押权人）、税务机关对置换担保物的评估价值，最终认定置换担保物的价值大于16000万元，足以覆盖抵押债权12751万元和重庆某建设公司申请保全标的额1067.9716万元。遂裁定同意重庆某酒店公司变更保全标的物的申请。

本案是人民法院秉持善意文明执行理念、探索保全置换评估新机制、聚焦涉案企业痛点难点、践行民营经济司法保护理念的典型案例。根据民事诉讼法相关规定，人民法院在执行过程中依法可对债务人财产采取查封、冻结、扣押等强制措施，但对于还能正常经营的企业来讲，如果基本账户被冻结等，可能会带来生存困境。为此各地人民法院积极探索既能够保障债权人利益，又不会因为执行措施引发企业经营困境的执行方法。本案中，人民法院走访了解被保全人经营状况，对置换担保物进行全面调查核实价值，综合银行、税务机关的估价，并结合生活经验，确定担保房产的价值在能够实现保全目的的情况下，准予了被保全人的保全财产置换申请，解除对基本账户的冻结。该举措避免了双方当事人因大额评估费用负担拖延诉讼进程或陷入新的诉讼，还为企业生存释放"现金流"，为企业发展提供了新机遇。

2. 某建设集团公司与某置业公司执行异议案（上海市青浦区人民法院司法服务保障民营企业健康发展典型案例之六）

青浦区人民法院依据申请人某建设集团公司提出的财产保全申请，查封了被申请人某置业公司名下3幢大楼。某置业公司提出异议，称青浦区人民法院实际保全金额远超某建设集团公司申请的金额，故请求青浦区人民法院解除部分系争房产的查封。

青浦区人民法院经审查认为，系争3幢大楼中1号楼系轮候查封，轮候查封的查封效力是待定的，且某置业公司放弃对1号楼的执行异议，故本院不再审查。2号楼共有169套商住房，售出90套，3号楼共三层商铺，售出4套，所涉2号楼及3号楼已售出但未办理产权登记的房产，某建设集团公司同意解除查封，本院亦予准许。至于剩余未出售的房产，某建设集团公司不同意解封。青浦区人民法院参照一房一价表、在建工程的抵押状况，考虑今后是否处置及变现时有无限制性情况和变现所需成本等因素，对2、3号楼未出售房产酌情予以部分解除查封。因此，某置业公司的执行异议部分成立，青浦区人民法院裁定中止对部分系争房产的执行。

执行裁判权对内积极发挥了对执行实施权的制约监督作用，对外为维护企业的合法权益提供了司法保障。办理超标的查封的执行异议案件，应当以保全裁定载明的金额为限进行审查。当事人对查封、扣押、冻结等强制执行措施的使用，将对企业的资金流动性、商业信誉、投资发展等造成影响，继而降低企业为市场创造财富的活力。

因此，青浦区人民法院在审查被申请人提出的超标的查封时，坚持以善意文明执行理念为原则，不仅需要查明诉讼金额、变现成本、税费、拍卖费等为实现债权而支付的合理费用，还要综合考虑优先债权数额的扣除、保全标的不便分割、查封财产价值模糊等实际问题。

3. A 信托公司与 B 公司等合同纠纷案（北京金融法院涉民营企业保护典型案例之三）

2019 年 9 月 25 日，A 信托公司设立某信托计划，信托资金用于受让 B 公司、C 公司等六家投资公司持有标的公司 H 公司、I 公司的股权收益权，信托计划到期后，B 公司等六家公司应对股权收益权进行回购。后上述信托计划提前到期，B 公司等六家公司并未支付回购价款，故 A 信托公司诉至法院，要求六家公司承担继续履行的违约责任。案件审理中，A 信托公司向法院提出保全申请，冻结了包括 B 公司持有的 J 公司 68.811% 的股权、C 公司持有的 J 公司 10% 的股权等财产，股权价值 7.88 亿元。后 J 公司向本院提出申请称，其拟增加注册资本，但由于涉诉股权已被法院保全冻结，致使正在办理的增资事宜被叫停，故申请将本案保全措施由冻结股权比例变为冻结相应出资额。

《最高人民法院关于人民法院强制执行股权若干问题的规定》第 8 条规定，人民法院冻结被执行人股权的，可以向股权所在公司送达协助执行通知书，要求其在实施增资、减资、合并、分立等对被冻结股权所占比例、股权价值产生重大影响的行为前向人民法院书面报告有关情况。人民法院收到报告后，应当及时通知申请执行人。

北京金融法院审判与执行部门第一时间会商并积极向某区市场监管局询问。经询，某区市场监管局表示如经法院许可将案涉保全措施由冻结股权比例变为冻结相应出资额，即可继续办理 J 公司的增资扩股事宜。沟通后，审判团队与 A 信托公司充分释明增资的利弊、确保其知情权，并获得其对增资的理解和同意；执行团队与某区市场监管局充分沟通，明确对J公司增资扩股业务不持异议。审执联动，既充分保护了保全申请人的权利，又确保了J公司的增资扩股事宜顺利推进。增资后，J公司注册资本由10亿增加到20亿，既有助于强化资金链、促进整体经营发展，也有利于保障公司员工的利益，对促进保全申请人所冻结股权的增值也有积极意义。

《中共中央 国务院关于促进民营经济发展壮大的意见》指出，要"及时回应关切和利益诉求，切实解决实际困难""支持符合条件的民营企业上市融资和再融资"。通常情况下，法院的冻结措施虽有利于实现胜诉利益，但也不可避免对被冻结企业的融资、资金链运转、商誉产生消极影响。本案中，北京金融法院采取灵活冻结措施，既保障被冻结股权企业抓住融资机会进行增资扩股、不因诉讼或者保全错失发展壮大的机遇，又充分保证原告知情权、确保原告不因该企业扩股减损已冻结的期待利益，最大限度减少诉讼对于企业正常经营和融资活动的影响，实现了各方共赢。

● *相关规定*

《行政强制法》第22~24条

第六十三条　办理案件

办理案件应当严格区分经济纠纷与经济犯罪，遵守法律关于追诉期限的规定；生产经营活动未违反刑法规定的，不以犯罪论处；事实不清、证据不足或者依法不追究刑事责任的，应当依法撤销案件、不起诉、终止审理或者宣告无罪。

禁止利用行政或者刑事手段违法干预经济纠纷。

● **相关规定**

《刑法》第 87 条；《刑事诉讼法》第 16 条；《优化营商环境条例》第 59 条

第六十四条　规范异地执法行为

规范异地执法行为，建立健全异地执法协助制度。办理案件需要异地执法的，应当遵守法定权限、条件和程序。国家机关之间对案件管辖有争议的，可以进行协商，协商不成的，提请共同的上级机关决定，法律另有规定的从其规定。

禁止为经济利益等目的滥用职权实施异地执法。

● **相关规定**

《行政处罚法》第 26 条

第六十五条　反映情况、申诉等权利

民营经济组织及其经营者对生产经营活动是否违法，以及国家机关实施的强制措施存在异议的，可以依法向有关机关反映情况、申诉，依法申请行政复议、提起诉讼。

● **相关规定**

《行政复议法》第 2 条；《行政诉讼法》第 2 条

第六十六条　检察机关法律监督

检察机关依法对涉及民营经济组织及其经营者的诉讼活动实施法律监督，及时受理并审查有关申诉、控告。发现存在违法情形的，应当依法提出抗诉、纠正意见、检察建议。

● **相关规定**

《人民检察院组织法》第 2 条、第 20 条

第六十七条 国家机关等支付账款

> 国家机关、事业单位、国有企业应当依法或者依合同约定及时向民营经济组织支付账款，不得以人员变更、履行内部付款流程或者在合同未作约定情况下以等待竣工验收批复、决算审计等为由，拒绝或者拖延支付民营经济组织账款；除法律、行政法规另有规定外，不得强制要求以审计结果作为结算依据。
>
> 审计机关依法对国家机关、事业单位和国有企业支付民营经济组织账款情况进行审计监督。

● **典型案例**

某电缆股份有限公司与某集团某有限公司买卖合同纠纷案［重庆法院民营经济司法保护典型案例（第十批）之二］

2020年，某电缆股份有限公司（以下简称某电缆公司）与某集团某有限公司（以下简称某集团某公司）签订电线电缆买卖合同，就违约责任部分载明：某集团某公司无故迟延付款承担迟延支付货款的同期银行零利率；某电缆公司逾期交货则每天应承担未交材料款1%的违约金，累计不超过合同货款的5%。合同签订后，某电缆公司如约按时交付货物，某集团某公司未能按时足额支付货款。某电缆公司遂向法院提起诉讼，请求某集团某公司支付货款及按照同期一年期LPR（3.85%）的1.5倍计算逾期付款利息。

人民法院经审理认为，案涉买卖合同虽合法有效，但合同中关于某集团某公司违约时以"零利率"支付违约金的约定，金额明显过低。某电缆公司请求增加违约金，根据《民法典》第585条的规定，

人民法院依法应当予以调整，遂判决支持某电缆公司相关诉讼请求。该案一审判决后，某集团某公司不服提起上诉。二审作出部分改判。

本案是贯彻落实《保障中小企业款项支付条例》，督促大型企业规范交易与诚信履约，保障民营中小企业及时回笼资金的典型案例。民营中小企业经常因大型企业利用优势地位规避责任、逾期占用或恶意拖欠中小企业账款等行为，合法权益受到损害。本案中，人民法院在准确识别双方企业性质基础上，根据民法典相关规定，严格落实《保障中小企业款项支付条例》及相关政策要求，依据当事人请求调高低于损失的违约金，引导广大中小企业依法维护自身权益，平等保护各类市场主体，为营造稳定、公平、透明、可预期营商环境提供了良好示范。

● 相关规定

《审计法》第2条

第六十八条　大型企业支付账款

大型企业向中小民营经济组织采购货物、工程、服务等，应当合理约定付款期限并及时支付账款，不得以收到第三方付款作为向中小民营经济组织支付账款的条件。

人民法院对拖欠中小民营经济组织账款案件依法及时立案、审理、执行，可以根据自愿和合法的原则进行调解，保障中小民营经济组织合法权益。

● 典型案例

1. 某集团公司诉某建设公司建设工程施工合同纠纷案（重庆市第三中级人民法院民营经济司法保护典型案例之十）

2020年12月，某集团公司将其承建的某工程范围内的部分土石方工程分包给某建设公司。双方签订建设工程施工合同约定，在项目竣工验收（初验）合格后2个月内，付至应付款总额的97%，剩余3%的价款作为质量保证金；经双方验收合格且保修期满后，待业主方返还某集团公司质保金，且某建设公司已全部履行完质保义务后，某集团公司将该3%质保金余额支付某建设公司。2022年2月，某建设公司向某集团公司支付履约保证金62万元。2022年8月，某建设公司完成了案涉土石方工程的施工并交付某集团公司进行下一步施工使用。某集团公司至今尚欠某建设公司工程款38万元、质保金84万元、履约保证金62万元。某建设公司多次催收，某集团公司均以案涉工程整体尚未竣工验收及业主方未返还总工程质保金及其支付工程款、质保金条件未成就为由拒绝付款。某建设公司遂起诉请求某集团公司支付尚欠的工程款、质保金、履约保证金等。

重庆市涪陵区人民法院经审理认为，某建设公司施工的案涉工程已于2022年8月交付某集团公司使用，某集团公司应当支付尚欠的工程款。案涉工程自2022年8月起至今已满2年，某集团公司应当返还某建设公司工程质量保证金。遂判决：某集团公司向某建设公司支付工程款38万元及其违约金，并返还质保金84万元、履约保证金62万元。

一审宣判后，某集团公司不服提起上诉。

重庆市第三中级人民法院经审理后认为，案涉建设工程施工合同约定，某集团公司返还质保金的条件是，双方验收合格且保修期满，某建设公司已全部履行完质保义务，且业主方返还某集团公司质保金后。该约定违反《保障中小企业款项支付条例》的强制性规定。同时，某集团公司承包的总工程何时能够完工，质保金何时能够退还均不明确，若按该约定退还质保金，对已按约完成案涉工程施工的某建设公司有失公允，也变相延长了案涉工程缺陷责任期。故上述约定无效，对本案双方当事人不发生法律效力。某建设公司请求支付尚欠的工程款、质保金、履约保证金的条件已经成就。重庆市第三中级人民法院判决：驳回上诉，维持原判。

大型企业在建设工程施工、采购商品或者服务等合同中，常与中小企业签订合同约定在收到第三方（业主或上游采购方）向其支付的价款后再向中小企业付款，或约定按照第三方向其拨付的进度款比例向中小企业支付款项，这类以第三方支付款项作为付款前提的"背靠背"条款，是引发相关款项支付纠纷的重要原因。"背靠背"条款本质上是在交易中处于较为强势的一方，将其交易风险转嫁给较为弱势的一方，中小企业在与大型企业合作时，往往处于相对弱势的地位，无法与大型企业抗衡。且中小企业通常也无法获知大型企业与第三方之间的合同履行情况，导致约定的期限遥遥无期，对风险无法把控，不符合交易风险合理负担原则，对中小企业明显有失公允。对此，人民法院根据《最高人民法院关于大型企业与中小企业约定以第三方支付款项为付款前提条款效力问题的批复》第1条规定，裁判认定案涉质保金返还条款无效，保障了中小企业合法权益，促进中小企业健康发展，有利于营造中小企业优质营商环境，激发市场活力。

2. 绿色通道快速调处，审执衔接助企维权案（2020—2021年度江苏盐城全市法院服务民营经济十大典型案例之一）

原告某投资公司与被告某科技公司于2021年2月签订股份转让

协议，约定原告将其持有的某股份有限公司若干股份以总计6亿余元的价格转让给被告。协议签订后，原告在被告支付第一期股份转让款1亿元后即按约将目标股份过户登记到被告名下，但被告仅向原告支付了第一、二期股份转让款，剩余转让款未能支付。原告遂提起诉讼，要求解除双方签订的股份转让协议，被告返还案涉股份给原告。

原告于2021年12月向市中院提起诉讼，该院当日立案受理后，立即启动快速审理机制，当天即组织双方当事人进行调解。经深入沟通协调，当晚促成双方当事人达成调解协议，并当即制作调解书送达双方当事人。案件审结后，该院迅速安排执行人员赴上海、深圳两地证券登记管理机构进行执行，及时将案涉股份全部执行到原告名下，案件圆满处理结束。

本案涉及上市公司的信息披露问题以及公司的实际控股权问题，市中院对该案启用了绿色诉讼通道，当天立案、当天调解，调解协议中对双方解除股份转让协议及其后续一揽子问题进行处理，妥善化解了双方的矛盾纠纷，取得了良好的法律效果和社会效果。案件调解结束后，该院及时将案涉股份执行到位，维护了当事人的合法权益，也保障了上市公司正常生产经营秩序。

3. 精心调解"金钥匙"，解锁矛盾促获共赢案（2020—2021年度江苏盐城全市法院服务民营经济十大典型案例之四）

2018年7月13日，原告某生物公司与被告某机械公司签订《设备销售合同》，从被告处购买浓缩杀菌灌装系统设备一套，总价308万元。合同签订后，原告按约定付款259.52万元。因设备经多次调试仍无法生产出无菌产品，原告诉至东台法院，要求解除合同、被告返还原告259.52万元及利息等。被告反诉要求原告给付剩余货款50万元及违约金。审理中，东台法院依法委托鉴定机构对案涉设备的质量问题进行鉴定，鉴定报告显示有成品糖度及灌装误差达不到合同约定的标准。

经东台法院多次组织调解，双方自愿达成调解协议，原告接收设备、涉设备的电脑程序（U盘）、设备安装图、设备结构图等资料；被告一次性给付原告20万元，放弃主张剩余货款50万元，并承担本案鉴定费24万余元。

本案中，原告是为一家大型国企提供配套服务的外地企业，其购买的案涉设备系生产线运作的必备设备，而与之相配套的其他设备均已经验收完毕，产品研发也已经完成。因案涉配套设备一直无法调试合格，导致整条生产线均无法启动。承办法官提出了将案涉设备留作原告他用的建议，并提出了详细的调解方案，成为化解本案的"金钥匙"，最终双方达成调解意见。本案的成功调解，既维护了原告的合法权益，为原告恢复生产线争取到时间，又最大限度地减少了诉讼对被告的不利影响，促使企业之间找到共赢的解纷方式，增强了企业的司法获得感。

4. 审慎善意实施保全，避免企业被困受阻案（2020—2021年度江苏盐城全市法院服务民营经济十大典型案例之六）

2010年开始，夏某某为某环保科技公司提供货物运输服务，合作期间双方不定期进行对账、结算运费。2021年6月，夏某某向东台法院起诉，要求该公司支付运费495万元及相应利息。根据夏某某申请，东台法院作出保全裁定并对该公司财产采取保全措施。

从欠条形式和内容、累计对账、付款情况综合分析，最终东台法院一审判决驳回夏某某的诉讼请求。夏某某不服提起上诉。上诉期间，被告向东台法院申请解除保全。承办法官与被告法定代表人及股东进行谈话，由其提供有效的信用担保，并将企业银行账户上的款项提存至法院账户后,依法裁定解封被告经营用的三个账户。二审期间,双方达成和解,夏某某撤回上诉。经夏某某申请,东台法院立即解除对被告的全部保全措施。

保全措施是原告胜诉后及时有效获得清偿的重要抓手,但稍有不慎,会对被保全企业带来不可挽回的损失。被保全企业以影响生产经营为由申请解除保全措施的,法院审查时应准确把握财产保全的功能目的,最大限度减少保全措施对生产经营的影响,对于被保全企业的合理请求,应当予以充分考虑和保护,善意执行。本案中,法院善意采取保全措施,既达到了原告的保全目的,又将保全对被告的不利影响降到最低。

5. 某鞋业公司诉某超市股份有限公司联营合同纠纷案 [上海法院依法平等保护促进民营经济发展 营造良好法治化营商环境的典型案例(第六批)之四]

某鞋业公司为某超市股份有限公司的供应商,某超市系国有大型企业,双方签订《委托销售协议书》,约定联营期间的商品供应、付款方式、向供应商收取的各类费用等。合同履行过程中,双方因扣款项目及金额、货款结算等问题产生争议。某鞋业公司主张某超市在货款中直接扣除各类费用,包括新店开业费、平台交易费、无条件返利、门店费用、海报费、商品维护费、B2B年费等等,费用名目多、金额大,有些扣费没有合同依据,有些扣费系以类似名目重复扣费,有些扣费未提供相应服务,且无故长期拖欠货款,遂提起诉讼,请求法院判令某超市支付拖欠货款、退还多扣的费用。

法院经审理认为,对于无条件返利、商品维护费等合同明确约定且有事实依据的费用,支持某超市的扣款行为;对于门店费用、海报费、缺货罚款等无合同或事实依据或即便有合同依据但未有证据证明实际提供相应服务的费用，某超市应予返还。最终，法院判决某超市返还多扣费用100多万元、支付拖欠货款并赔偿利息损失。二审法院审理后，判决驳回上诉，维持原判。

党的二十届三中全会提出，健全涉企收费长效监管和拖欠企业账款清偿法律法规体系。《中共中央 国务院关于促进民营经济发展壮大的意见》第6条明确规定完善拖欠账款常态化预防和清理机制，健全防范化解拖欠中小企业账款长效机制。一直以来，民营企业被拖欠货款的问题屡见不鲜，给民营企业的运营带来了很大的风险。本案中，某超市存在使用"格式合同"、加重供应商义务、乱扣费、拖欠货款等现象。法院通过详细审查合同内容、对账记录，合理分配举证责任，并对数以百万计的各项扣费进行了细致梳理，对无合同或事实依据的扣费行为"零容忍"，依法判定返还，确保每一笔扣费合法有据。本案强调了合同双方应遵循公平、诚信原则，按照合同约定履行各自义务，不得利用优势地位随意增加对方负担，传递了司法对诚信经营行为的鼓励与对不诚信行为的否定信号，有助于营造公平透明的营商环境，促进多元主体共同发展。

6. 某建材公司诉某工程公司买卖合同纠纷案（江苏法院助力民营经济高质量发展典型案例之五）

2021年12月10日，某建材公司与某工程公司签订《级配碎石买卖合同》，约定由建材公司向工程公司供应级配碎石，逾期付款利息按中国人民银行同期活期存款基准利率支付，且不得超过不含税合同结算价款的1%。后因工程公司未按约支付货款，建材公司起诉主张欠款并要求按照《保障中小企业款项支付条例》规定的合同订立时1年期贷款市场报价利率计算逾期付款利息。

一审法院判决按照合同约定标准和上限计算逾期付款利息。二审法院认为，工程公司属于大型企业，建材公司属于小微企业，《级配碎石买卖合同》约定的逾期付款利息标准明显低于《保障中小企业款项支付条例》第 15 条规定的合同订立时 1 年期贷款市场报价利率，且合同约定的逾期付款利息上限亦明显过低，遂改判逾期付款利息按《保障中小企业款项支付条例》规定的年利率 3.85% 计算，且利息总额不设上限。

本案系人民法院依法适用《保障中小企业款项支付条例》，维护中小微企业合法权益的典型案例。在经济活动中，有的大型企业会利用市场优势地位，对中小微企业施加不合理的交易条件，侵害中小微企业合法权益。对此，国务院于 2020 年制定《保障中小企业款项支付条例》，促进机关、事业单位和大型企业及时支付中小企业款项，优化营商环境。本案中，人民法院通过依法审慎适用《保障中小企业款项支付条例》，既保护了小微企业的合法权益，也有利于引导各方构建实质平等的交易环境，促进中小微企业健康高质量发展。

● **相关规定**

《保障中小企业款项支付条例》

第六十九条　账款支付保障工作

县级以上地方人民政府应当加强账款支付保障工作，预防和清理拖欠民营经济组织账款；强化预算管理，政府采购项目应当严格按照批准的预算执行；加强对拖欠账款处置工作的统筹指导，对有争议的鼓励各方协商解决，对存在重大分歧的组织协商、调解。协商、调解应当发挥工商业联合会、律师协会等组织的作用。

典型案例

重庆某装饰工程有限公司与重庆市开州区某幼儿园、朱某装饰装修合同纠纷案［重庆法院民营经济司法保护典型案例（第九批）之六］

2018年11月20日，重庆某装饰工程有限公司与重庆市开州区某幼儿园签订《公装施工合同》，约定重庆市开州区某幼儿园将该幼儿园装饰装修工程发包给重庆某装饰工程有限公司。重庆某装饰工程有限公司此后进场施工，重庆市开州区某幼儿园亦支付2022000元工程款。后双方对工程款以及工程质量产生争议，重庆某装饰工程有限公司遂提起诉讼，申请工程造价鉴定，诉请重庆市开州区某幼儿园支付尚欠工程款388800元；重庆市开州区某幼儿园亦提起反诉，申请工程质量和返修费用鉴定，请求重庆某装饰工程有限公司赔偿重庆市开州区某幼儿园各项损失200000元（最终以鉴定意见确定的金额为准）。

重庆市开州区人民法院经审理发现，本案同时存在工程造价、工程质量和返修费用等多项鉴定。重庆某装饰工程有限公司诉称急需工程款发放工人工资、启动新工程项目等。重庆市开州区某幼儿园亦诉称因质量问题发生了部分吊顶脱落，已威胁师生人身安全。而前述多项鉴定预计需2年完成。鉴于以上情况，人民法院多次与当事人沟通，提出针对性解决方案，最终促成双方自愿撤回鉴定申请，并自愿达成如下调解协议：（1）重庆市开州区某幼儿园于2022年3月29日支付重庆某装饰工程有限公司装修工程款190000元；（2）重庆市开州区某幼儿园自行对案涉工程进行维修、整改，并自行承担相应费用；（3）本诉和反诉产生的鉴定费由鉴定申请人各自承担；四、双方对其他事项无争议。

双方当事人签署调解协议后，重庆市开州区某幼儿园当庭兑现

190000元装修工程款。

案件办理过程中，双方同意由重庆市开州区某幼儿园自行对工程进行维修、整改，促使幼儿园第一时间对脱落吊顶进行拆除、加固，并对可能存在的安全隐患全面排查、消除，对引导幼儿园增强安全意识，建立健全安全管理制度，落实安全建校责任具有积极意义。

经案件回访，重庆市开州区某幼儿园已完成安全隐患排查，建立了安全管理台账，脱落吊顶得到有效处置，其他维修、整改正有序开展。

本案系两家民营企业在人民法院组织下平等协商，互谅互让，自主安排，实现双赢的典型案例。本案中，双方当事人自愿撤回鉴定申请，并达成调解协议，为双方共计节约9万余元的鉴定费支出，有效降低了当事人诉讼的时间成本和经济成本，最大程度地促进了两家民营企业握手言和，案结事了。双方同意当庭兑现装修工程款，有利于重庆某装饰工程有限公司及时回笼公司运行资金。

第七十条　履行政策承诺、合同

地方各级人民政府及其有关部门应当履行依法向民营经济组织作出的政策承诺和与民营经济组织订立的合同，不得以行政区划调整、政府换届、机构或者职能调整以及相关人员更替等为由违约、毁约。

因国家利益、社会公共利益需要改变政策承诺、合同约定的，应当依照法定权限和程序进行，并对民营经济组织因此受到的损失予以补偿。

典型案例

1. 重庆某节能建材有限公司与重庆市涪陵区某镇人民政府合同纠纷案［重庆法院民营经济司法保护典型案例（第十二批）之六］

2010年11月12日，被告重庆市涪陵区某镇人民政府（以下简称某镇政府）作为甲方与乙方刘某某签订《涪陵区某镇招商引资项目投资合同》，约定由甲方负责该项目土地的征用、矿山土地的流转等事项，为乙方办理该镇某村50亩左右的企业用地征用手续（包括土地使用权证）。某镇政府自2011年2月24日起向涪陵区国土部门、规划部门申请办理案涉项目土地征用手续，并就流转土地向村民支付了补偿费用。后刘某某等人注册成立了原告重庆某节能建材有限公司（系民营企业，以下简称某节能建材公司）。2011年11月24日，某节能建材公司向某镇政府支付项目保证金、土地出让金（预付）共计220万元，2012年3月21日，又通过财政专户向涪陵区统征办支付出让土地成本100万元。后因案涉项目迟迟未能办理采矿许可证和土地使用权证，某节能建材公司于2016年2月29日向某镇政府发出函件，要求解除《涪陵区某镇招商引资项目投资合同》。某镇政府收到解除合同通知后，未提出异议。2016年9月26日，某镇政府退还某节能建材公司项目保证金、土地出让金共计320万元。后因履约损失赔偿协商未果，某节能建材公司遂起诉要求某镇政府赔偿履行合同产生的损失153万余元，一审法院驳回其诉讼请求，某节能建材公司不服提起上诉。

二审法院经审理认为，案涉招商引资合同系当事双方平等协商签订，内容不违反法律规定，合法有效。合同对某镇政府为乙方办理企业用地征用等相关手续等重要义务作了明确约定。在合同签订后逾五年，某镇政府未能落实办理合同约定中的土地使用权证等关键性权证，致使某节能建材公司无法投资生产，合同目的不能实现，应承担相应的违约责任。本案相关权证办理未果一定程度上也与国家环保政策因素有关，故某节能建材公司的损失也有不可抗力因素存在，可以适当减轻违约方的违约责任。同时，双方明知仅凭某镇政府自身权限无法单独完成"权证办理"，却一致同意将该条设定为某镇政府的合同义务，双方都有一定过错。最终综合酌定某镇政府承担某节能建材公司损失50%的赔偿责任，即赔偿履约损失66.8万余元。

本案系人民法院妥善处理招商引资过程中地方政府履行不能引发合同纠纷的典型案例。招商引资对促进地方经济发展具有重要作用，政府在招商引资过程中应当遵守诚信原则，依法、规范作出承诺，各方当事人均应审慎缔约、全面履约。人民法院处理招商引资引发的纠纷时，应当平等保护各方主体合法权益。本案中，人民法院既尊重当事人意思自治，又结合合同履行过程中不可抗力、双方过错等因素，综合判定某镇政府的违约责任，衡平保护了合同双方权益。某镇政府自觉履行了生效判决确定的义务。本案的公正裁判，贯彻了法治是最好的营商环境的重要精神，对地方政府规范招商引资和民营企业参与投资具有启发意义，有利于促进经济高质量发展。

2. 某科技公司诉垫江某管委会行政协议案（重庆市第三中级人民法院民营经济司法保护典型案例之一）

2017年10月，某科技公司与垫江某管委会签订《灯具项目投资协议书》，主要约定：某科技公司投资六千万，在垫江某工业园区规划的工业用地地块上建设生产厂房及配套用房；履约保证金为五十万。协议签订后，某科技公司如期缴纳履约保证金，对拟建地块进行前期环评、地勘和规划设计。2018年4月，某科技公司在办理建厂开工手续时发现，拟建地块有银行设定抵押登记。嗣后，某科技公司就拟建地块被设定抵押登记多次与垫江某管委会沟通反映，要求协调落实投资用地事宜，但因双方争议较大一致未能达成共识。2023年12

月,某科技公司以投资项目已无法实现为由向重庆市垫江县人民法院提起民事诉讼,主张解除投资协议并向垫江某管委会主张返还保证金、支付违约金和保证金利息,该院经审查认为该案不属于民事诉讼的受理范围,遂裁定驳回某科技公司的起诉。2024年1月,某科技公司向重庆市涪陵区人民法院提起行政诉讼,主张解除投资协议并由垫江某管委会退还履约保证金和承担违约责任。

重庆市涪陵区人民法院经审查发现,案涉协议时间跨度长、社会影响较大,若"就案办案"径行裁判,可能激化矛盾,对当地政府招商引资造成负面影响,甚至引发后续赔偿等其他衍生诉讼。涪陵法院围绕某科技公司的诉讼请求开展争议实质化解工作。一是诉前开展多元化解。依托行政争议化解中心与双方当事人进行"点对点"沟通,在查清案件事实的基础上明确实质诉求,促成某科技公司与垫江某管委会就解除投资协议并返还履约保证金达成共识。二是诉中开展析法明理。针对双方仍有分歧的违约金及保证金利息,一方面围绕投资协议效力、违约责任承担等内容,向垫江某管委会分析败诉风险;一方面结合违约金与利息在内涵、性质和功能上的不同,向某科技公司阐明同时主张违约金和利息应在合理范围。通过府院联动,多次组织协调,最终促成双方以调解方式终局性化解行政争议。

本案系人民法院主动履职通过行政实质化解矛盾纠纷,最大限度保护民营经济的典型案例。人民法院肩负依法保护民营企业合法权益的法定职责和助推法治政府建设的重要使命。本案秉持依法保护、主动保护、实质保护的司法理念,通过诉前、诉中、诉后三个环节的持续努力,将实质化解行政争议贯穿全案,发挥出行政审判工作利长远、固根本的司法作用。以主动履职带动依法行政,在依法保护民营企业合法权益的同时,护航经济平稳发展为地方政府财政减负,切实做到了为人民司法、为大局服务，走出一条实现双赢多赢共赢、案结事了政通人和的持续优化民营经济发展和助力法治政府建设的新路径。

第八章　法律责任

第七十一条　公平竞争有关违法行为的法律责任

违反本法规定，有下列情形之一的，由有权机关责令改正，造成不良后果或者影响的，对负有责任的领导人员和直接责任人员依法给予处分：

（一）未经公平竞争审查或者未通过公平竞争审查出台政策措施；

（二）在招标投标、政府采购等公共资源交易中限制或者排斥民营经济组织。

● **相关规定**

《公职人员政务处分法》第 7 条

第七十二条　违法实施征收等措施、异地执法的法律责任

违反法律规定实施征收、征用或者查封、扣押、冻结等措施的，由有权机关责令改正，造成损失的，依法予以赔偿；造成不良后果或者影响的，对负有责任的领导人员和直接责任人员依法给予处分。

违反法律规定实施异地执法的，由有权机关责令改正，造成不良后果或者影响的，对负有责任的领导人员和直接责任人员依法给予处分。

● **相关规定**

《公职人员政务处分法》第 7 条

第七十三条 账款支付等有关违法行为的法律责任

国家机关、事业单位、国有企业违反法律、行政法规规定或者合同约定，拒绝或者拖延支付民营经济组织账款，地方各级人民政府及其有关部门不履行向民营经济组织依法作出的政策承诺、依法订立的合同的，由有权机关予以纠正，造成损失的，依法予以赔偿；造成不良后果或者影响的，对负有责任的领导人员和直接责任人员依法给予处分。

大型企业违反法律、行政法规规定或者合同约定，拒绝或者拖延支付中小民营经济组织账款的，依法承担法律责任。

● **相关规定**

《公职人员政务处分法》第 7 条

第七十四条 侵害民营经济组织及其经营者合法权益的法律责任衔接

违反本法规定，侵害民营经济组织及其经营者合法权益，其他法律、法规规定行政处罚的，从其规定；造成人身损害或者财产损失的，依法承担民事责任；构成犯罪的，依法追究刑事责任。

● **典型案例**

1. 蔡某松等人涉嫌合同诈骗案（四川公安发布服务保障民营经济高质量发展十大典型案例之三）

2019 年 8 月，泸州某贸易公司报案称其被诈骗 2000 余万元。经泸州市公安局经侦支队查明：2019年1月至6月，犯罪嫌疑人蔡某松通过他人介绍，和贸易公司签订平行车采购框架协议。蔡某松收到购车款后未向上游汽车销售公司预定或者采购车辆，致使该公司未收到车辆交付或者退款。蔡某松在既无资金又无货源没有实际履行能力情况下，诈骗公司财物并将诈骗赃款隐匿、转移。2023年2月，泸州市龙马潭区人民法院判决蔡某松犯合同诈骗罪，判处有期徒刑十四年，并处罚金人民币50万元，对其在合同诈骗中的违法所得人民币予以追缴，并发还被害单位。

该案的成功侦破，探索出一条追赃挽损新模式。主要犯罪嫌疑人涉及多起刑事民事诉讼、表面上其名下已无任何资产，通过专案组耐心细致工作，犯罪嫌疑人主动提出将自己的600万元债权（生效判决，含利息约1000余万元）转让给受害公司作为赔偿，同时向其亲友做工作，将其案发前隐匿他人名下600万元债权（均为生效判决，含利息约3000余万元）转让给受害公司，成功为企业挽回了经济损失。

2. 李某盗窃案［重庆法院民营经济司法保护典型案例（第十批）之四］

2021年7月，被告人李某担任重庆某铝业有限公司厂长，主要负责工厂生产、车间管理、人员调配等管理性工作。2021年7月29日凌晨，被告人李某把公司车间监控关闭，将车间3号门处堆放的约2吨废铝压余盗走，变现获利3万元。第一次得手后，又以同样手段在2021年8月期间分五次将工厂约8.7吨废铝压余盗走，变现获利13万元。经鉴定，李某盗窃的废铝压余价值共计14.98万元。人民检察院遂对被告人李某提起公诉，审理过程中，李某赔偿被害人重庆某铝业有限公司损失18万元。

人民法院经审理认为，被告人李某作为重庆某铝业有限公司厂长，以非法占有为目的，利用工作上的便利秘密窃取公司财物，数额巨大，其行为构成盗窃罪。综合全案情节，以盗窃罪判处李某有期徒刑三年三个月，并处罚金一万元。一审宣判后，被告人未上诉，检察机关未抗诉，裁判已生效。

本案是人民法院依法严惩企业职工利用工作便利"监守自盗"损害企业利益的犯罪，维护企业财产安全的典型案例。民营企业职工利用工作上的便利条件，擅自处置企业财产，或将企业财产占为己有，或串通他人从事损害企业利益的行为，导致企业财产减少，严重损害企业利益。本案对警示企业职工严格遵守企业规章制度，有效维护企业财产权益具有典型意义。

第七十五条 民营经济组织及其经营者违法的法律责任衔接

民营经济组织及其经营者生产经营活动违反法律、法规规定，由有权机关责令改正，依法予以行政处罚；造成人身损害或者财产损失的，依法承担民事责任；构成犯罪的，依法追究刑事责任。

● **典型案例**

1. 何某涉嫌非国家工作人员受贿案（四川公安发布服务保障民营经济高质量发展十大典型案例之四）

2022年3月，四川某锂业有限公司报案称：该公司销售人员何某涉嫌非国家工作人员受贿罪。德阳市绵竹市公安局经侦大队接到报案后查明：犯罪嫌疑人何某系四川某锂业有限公司销售人员，其在产品销售及发货过程中，利用职务之便为相关经销商提供方便，并累计收取好处费146万余元，给企业造成了巨大损失。何某归案后，办案民警对其进行了法律宣传教育，使其主动全额退赃。该案已于2022年7月宣判，何某被判处有期徒刑三年，缓刑四年，并处罚金20万元，违法所得予以追缴。

该案为企业管理人员敲响了警钟。作为公司的销售、管理人员，在采购、销售等方面应将公司利益始终置于最高地位，做到公开公正公平，最大限度地为公司节约费用提高效率，面对利益诱惑时要守得住初心，绝不能运用手中的权利为自己谋取私利，做出触犯法律的行为。

2. 杜某涉嫌职务侵占案（四川公安发布服务保障民营经济高质量发展十大典型案例之八）

2021年6月，南充市公安局对南充某化学工业有限公司员工杜某涉嫌职务侵占案立案侦查。经查，该公司业务科长杜某2014年7月入职后，利用职务之便及自己在行业内的影响力，在签约客户不知情的情况下，个人成立公司，制造虚假订单将公司产品私自高价销售给客户，并将货款据为己有，造成该公司巨额货款损失。2021年7月，南充市公安局经侦支队成功将杜某等2名主要犯罪嫌疑人抓获归案。目前该案已审理终结，全案追缴违法所得和罚没款共计1772万余元，为南充某化学工业有限公司挽回经济损失1657万元。

该案坚持既破案又追赃、边破案边追赃，在快侦速破过程中最大限度减少企业财产损失。针对区域垄断型或龙头型原材料生产企业的销售业务员在一定地域范围内同行中一般情况下有一定的话语权，个别人会利用公司制度上的漏洞，虚报冒用、截留资金，以实现个人侵占公司财产之目的。为防范员工职务侵占和挪用资金和行、受贿犯罪，势必要推动相关公司建立规范、完善、依法、健全的现代企业管理制度、财务制度、人员管理制度，有效预防范企业内部犯罪行为的发生。

第七十六条 采取不正当手段骗取表彰荣誉等的法律责任

民营经济组织及其经营者采取欺诈等不正当手段骗取表彰荣誉、优惠政策等的,应当撤销已获表彰荣誉、取消享受的政策待遇,依法予以处罚;构成犯罪的,依法追究刑事责任。

● **典型案例**

贡某某等人涉嫌骗取贷款案(四川公安发布服务保障民营经济高质量发展十大典型案例之六)

根据湖北省某建设集团有限公司报案,2022年4月,乐山市公安局依法对贡某某等人涉嫌骗取贷款案立案侦查。经查:2013年以来,贡某某、殷某某等人共谋,以欺骗方式,采取私刻银行公章、冒充银行领导、伪造虚假贷款资料、利用银行职工身份提供面签场地等手段,骗取某商业银行贷款逾38亿元。2022年6月,乐山市公安局出动百余名警力,在湖北、广东、广西、江苏等地同步收网,抓获贡某某、殷某某等主犯在内的犯罪嫌疑人10名,查封、冻结资产约12亿元。

成功侦破乐山市首例涉案金额高达38亿元的系列骗取贷款案,彰显了公安机关护航地方银企、有恶必除的决心和战斗力,有力维护了全市金融市场稳定,取得了"影响最小化、风险最小化、挽损最大化"的成绩。

第九章　附　　则

第七十七条　概念、适用指引

本法所称民营经济组织，是指在中华人民共和国境内依法设立的由中国公民控股或者实际控制的营利法人、非法人组织和个体工商户，以及前述组织控股或者实际控制的营利法人、非法人组织。

民营经济组织涉及外商投资的，同时适用外商投资法律法规的相关规定。

第七十八条　施行日期

本法自 2025 年 5 月 20 日起施行。

附 录

中华人民共和国中小企业促进法

（2002年6月29日第九届全国人民代表大会常务委员会第二十八次会议通过 2017年9月1日第十二届全国人民代表大会常务委员会第二十九次会议修订 2017年9月1日中华人民共和国主席令第74号公布 自2018年1月1日起施行）

目 录

第一章　总　　则
第二章　财税支持
第三章　融资促进
第四章　创业扶持
第五章　创新支持
第六章　市场开拓
第七章　服务措施
第八章　权益保护
第九章　监督检查
第十章　附　　则

第一章 总 则

第一条 为了改善中小企业经营环境，保障中小企业公平参与市场竞争，维护中小企业合法权益，支持中小企业创业创新，促进中小企业健康发展，扩大城乡就业，发挥中小企业在国民经济和社会发展中的重要作用，制定本法。

第二条　本法所称中小企业，是指在中华人民共和国境内依法设立的，人员规模、经营规模相对较小的企业，包括中型企业、小型企业和微型企业。

中型企业、小型企业和微型企业划分标准由国务院负责中小企业促进工作综合管理的部门会同国务院有关部门，根据企业从业人员、营业收入、资产总额等指标，结合行业特点制定，报国务院批准。

第三条　国家将促进中小企业发展作为长期发展战略，坚持各类企业权利平等、机会平等、规则平等，对中小企业特别是其中的小型微型企业实行积极扶持、加强引导、完善服务、依法规范、保障权益的方针，为中小企业创立和发展创造有利的环境。

第四条　中小企业应当依法经营，遵守国家劳动用工、安全生产、职业卫生、社会保障、资源环境、质量标准、知识产权、财政税收等方面的法律、法规，遵循诚信原则，规范内部管理，提高经营管理水平；不得损害劳动者合法权益，不得损害社会公共利益。

第五条　国务院制定促进中小企业发展政策，建立中小企业促进工作协调机制，统筹全国中小企业促进工作。

国务院负责中小企业促进工作综合管理的部门组织实施促进中小企业发展政策，对中小企业促进工作进行宏观指导、综合协调和监督检查。

国务院有关部门根据国家促进中小企业发展政策，在各自职责范围内负责中小企业促进工作。

县级以上地方各级人民政府根据实际情况建立中小企业促进工作协调机制，明确相应的负责中小企业促进工作综合管理的部门，负责本行政区域内的中小企业促进工作。

第六条 国家建立中小企业统计监测制度。统计部门应当加强对中小企业的统计调查和监测分析，定期发布有关信息。

第七条 国家推进中小企业信用制度建设，建立社会化的信用信息征集与评价体系，实现中小企业信用信息查询、交流和共享的社会化。

第二章 财税支持

第八条 中央财政应当在本级预算中设立中小企业科目，安排中小企业发展专项资金。

县级以上地方各级人民政府应当根据实际情况，在本级财政预算中安排中小企业发展专项资金。

第九条 中小企业发展专项资金通过资助、购买服务、奖励等方式，重点用于支持中小企业公共服务体系和融资服务体系建设。

中小企业发展专项资金向小型微型企业倾斜，资金管理使用坚持公开、透明的原则，实行预算绩效管理。

第十条 国家设立中小企业发展基金。国家中小企业发展基金应当遵循政策性导向和市场化运作原则，主要用于引导和带动社会资金支持初创期中小企业，促进创业创新。

县级以上地方各级人民政府可以设立中小企业发展基金。

中小企业发展基金的设立和使用管理办法由国务院规定。

第十一条 国家实行有利于小型微型企业发展的税收政策，对符合条件的小型微型企业按照规定实行缓征、减征、免征企业所得税、增值税等措施，简化税收征管程序，减轻小型微型企业税收负担。

第十二条 国家对小型微型企业行政事业性收费实行减免等优惠政策，减轻小型微型企业负担。

第三章　融资促进

第十三条　金融机构应当发挥服务实体经济的功能，高效、公平地服务中小企业。

第十四条　中国人民银行应当综合运用货币政策工具，鼓励和引导金融机构加大对小型微型企业的信贷支持，改善小型微型企业融资环境。

第十五条　国务院银行业监督管理机构对金融机构开展小型微型企业金融服务应当制定差异化监管政策，采取合理提高小型微型企业不良贷款容忍度等措施，引导金融机构增加小型微型企业融资规模和比重，提高金融服务水平。

第十六条　国家鼓励各类金融机构开发和提供适合中小企业特点的金融产品和服务。

国家政策性金融机构应当在其业务经营范围内，采取多种形式，为中小企业提供金融服务。

第十七条　国家推进和支持普惠金融体系建设，推动中小银行、非存款类放贷机构和互联网金融有序健康发展，引导银行业金融机构向县域和乡镇等小型微型企业金融服务薄弱地区延伸网点和业务。

国有大型商业银行应当设立普惠金融机构，为小型微型企业提供金融服务。国家推动其他银行业金融机构设立小型微型企业金融服务专营机构。

地区性中小银行应当积极为其所在地的小型微型企业提供金融服务，促进实体经济发展。

第十八条　国家健全多层次资本市场体系，多渠道推动股权融资，发展并规范债券市场，促进中小企业利用多种方式直接融资。

第十九条　国家完善担保融资制度，支持金融机构为中小企业提供以应收账款、知识产权、存货、机器设备等为担保品的担保融资。

第二十条　中小企业以应收账款申请担保融资时，其应收账款的付款方，应当及时确认债权债务关系，支持中小企业融资。

国家鼓励中小企业及付款方通过应收账款融资服务平台确认债权债务关系，提高融资效率，降低融资成本。

第二十一条　县级以上人民政府应当建立中小企业政策性信用担保体系，鼓励各类担保机构为中小企业融资提供信用担保。

第二十二条　国家推动保险机构开展中小企业贷款保证保险和信用保险业务，开发适应中小企业分散风险、补偿损失需求的保险产品。

第二十三条　国家支持征信机构发展针对中小企业融资的征信产品和服务，依法向政府有关部门、公用事业单位和商业机构采集信息。

国家鼓励第三方评级机构开展中小企业评级服务。

第四章　创业扶持

第二十四条　县级以上人民政府及其有关部门应当通过政府网站、宣传资料等形式，为创业人员免费提供工商、财税、金融、环境保护、安全生产、劳动用工、社会保障等方面的法律政策咨询和公共信息服务。

第二十五条　高等学校毕业生、退役军人和失业人员、残疾人员等创办小型微型企业，按照国家规定享受税收优惠和收费减免。

第二十六条　国家采取措施支持社会资金参与投资中小企业。创业投资企业和个人投资者投资初创期科技创新企业的，按照国家规定享受税收优惠。

第二十七条　国家改善企业创业环境，优化审批流程，实现中小企业行政许可便捷，降低中小企业设立成本。

第二十八条　国家鼓励建设和创办小型微型企业创业基地、孵化基地，为小型微型企业提供生产经营场地和服务。

第二十九条　地方各级人民政府应当根据中小企业发展的需要，在城乡规划中安排必要的用地和设施，为中小企业获得生产经营场所提供便利。

国家支持利用闲置的商业用房、工业厂房、企业库房和物流设施等，为创业者提供低成本生产经营场所。

第三十条　国家鼓励互联网平台向中小企业开放技术、开发、营销、推广等资源，加强资源共享与合作，为中小企业创业提供服务。

第三十一条　国家简化中小企业注销登记程序，实现中小企业市场退出便利化。

第五章　创新支持

第三十二条　国家鼓励中小企业按照市场需求，推进技术、产品、管理模式、商业模式等创新。

中小企业的固定资产由于技术进步等原因，确需加速折旧的，可以依法缩短折旧年限或者采取加速折旧方法。

国家完善中小企业研究开发费用加计扣除政策，支持中小企业技术创新。

第三十三条　国家支持中小企业在研发设计、生产制造、运营管理等环节应用互联网、云计算、大数据、人工智能等现代技术手段，创新生产方式，提高生产经营效率。

第三十四条　国家鼓励中小企业参与产业关键共性技术研究开发和利用财政资金设立的科研项目实施。

国家推动军民融合深度发展，支持中小企业参与国防科研和生产活动。

国家支持中小企业及中小企业的有关行业组织参与标准的制定。

第三十五条　国家鼓励中小企业研究开发拥有自主知识产权的技术和产品，规范内部知识产权管理，提升保护和运用知识产权的能力；鼓励中小企业投保知识产权保险；减轻中小企业申请和维持知识产权的费用等负担。

第三十六条　县级以上人民政府有关部门应当在规划、用地、财政等方面提供支持，推动建立和发展各类创新服务机构。

国家鼓励各类创新服务机构为中小企业提供技术信息、研发设计与应用、质量标准、实验试验、检验检测、技术转让、技术培训等服务，促进科技成果转化，推动企业技术、产品升级。

第三十七条　县级以上人民政府有关部门应当拓宽渠道，采取补贴、培训等措施，引导高等学校毕业生到中小企业就业，帮助中小企业引进创新人才。

国家鼓励科研机构、高等学校和大型企业等创造条件向中小企业开放试验设施，开展技术研发与合作，帮助中小企业开发新产品，培养专业人才。

国家鼓励科研机构、高等学校支持本单位的科技人员以兼职、挂职、参与项目合作等形式到中小企业从事产学研合作和科技成果转化活动，并按照国家有关规定取得相应报酬。

第六章　市场开拓

第三十八条　国家完善市场体系，实行统一的市场准入和市场监管制度，反对垄断和不正当竞争，营造中小企业公平参与竞争的市场环境。

第三十九条　国家支持大型企业与中小企业建立以市场配置资源为基础的、稳定的原材料供应、生产、销售、服务外包、技术开发和技术改造等方面的协作关系，带动和促进中小企业发展。

第四十条　国务院有关部门应当制定中小企业政府采购的相关优惠政策，通过制定采购需求标准、预留采购份额、价格评审优惠、优先采购等措施，提高中小企业在政府采购中的份额。

向中小企业预留的采购份额应当占本部门年度政府采购项目预算总额的百分之三十以上；其中，预留给小型微型企业的比例不低于百分之六十。中小企业无法提供的商品和服务除外。

政府采购不得在企业股权结构、经营年限、经营规模和财务指标等方面对中小企业实行差别待遇或者歧视待遇。

政府采购部门应当在政府采购监督管理部门指定的媒体上及时向社会公开发布采购信息，为中小企业获得政府采购合同提供指导和服务。

第四十一条　县级以上人民政府有关部门应当在法律咨询、知识产权保护、技术性贸易措施、产品认证等方面为中小企业产品和服务出口提供指导和帮助，推动对外经济技术合作与交流。

国家有关政策性金融机构应当通过开展进出口信贷、出口信用保险等业务，支持中小企业开拓境外市场。

第四十二条　县级以上人民政府有关部门应当为中小企业提供用汇、人员出入境等方面的便利，支持中小企业到境外投资，开拓国际市场。

第七章　服务措施

第四十三条　国家建立健全社会化的中小企业公共服务体系，为中小企业提供服务。

第四十四条　县级以上地方各级人民政府应当根据实际需要建立和完善中小企业公共服务机构，为中小企业提供公益性服务。

第四十五条　县级以上人民政府负责中小企业促进工作综合管理

的部门应当建立跨部门的政策信息互联网发布平台，及时汇集涉及中小企业的法律法规、创业、创新、金融、市场、权益保护等各类政府服务信息，为中小企业提供便捷无偿服务。

第四十六条　国家鼓励各类服务机构为中小企业提供创业培训与辅导、知识产权保护、管理咨询、信息咨询、信用服务、市场营销、项目开发、投资融资、财会税务、产权交易、技术支持、人才引进、对外合作、展览展销、法律咨询等服务。

第四十七条　县级以上人民政府负责中小企业促进工作综合管理的部门应当安排资金，有计划地组织实施中小企业经营管理人员培训。

第四十八条　国家支持有关机构、高等学校开展针对中小企业经营管理及生产技术等方面的人员培训，提高企业营销、管理和技术水平。

国家支持高等学校、职业教育院校和各类职业技能培训机构与中小企业合作共建实习实践基地，支持职业教育院校教师和中小企业技术人才双向交流，创新中小企业人才培养模式。

第四十九条　中小企业的有关行业组织应当依法维护会员的合法权益，反映会员诉求，加强自律管理，为中小企业创业创新、开拓市场等提供服务。

第八章　权益保护

第五十条　国家保护中小企业及其出资人的财产权和其他合法权益。任何单位和个人不得侵犯中小企业财产及其合法收益。

第五十一条　县级以上人民政府负责中小企业促进工作综合管理的部门应当建立专门渠道，听取中小企业对政府相关管理工作的意见和建议，并及时向有关部门反馈，督促改进。

县级以上地方各级人民政府有关部门和有关行业组织应当公布联系

方式，受理中小企业的投诉、举报，并在规定的时间内予以调查、处理。

第五十二条　地方各级人民政府应当依法实施行政许可，依法开展管理工作，不得实施没有法律、法规依据的检查，不得强制或者变相强制中小企业参加考核、评比、表彰、培训等活动。

第五十三条　国家机关、事业单位和大型企业不得违约拖欠中小企业的货物、工程、服务款项。

中小企业有权要求拖欠方支付拖欠款并要求对拖欠造成的损失进行赔偿。

第五十四条　任何单位不得违反法律、法规向中小企业收取费用，不得实施没有法律、法规依据的罚款，不得向中小企业摊派财物。中小企业对违反上述规定的行为有权拒绝和举报、控告。

第五十五条　国家建立和实施涉企行政事业性收费目录清单制度，收费目录清单及其实施情况向社会公开，接受社会监督。

任何单位不得对中小企业执行目录清单之外的行政事业性收费，不得对中小企业擅自提高收费标准、扩大收费范围；严禁以各种方式强制中小企业赞助捐赠、订购报刊、加入社团、接受指定服务；严禁行业组织依靠代行政府职能或者利用行政资源擅自设立收费项目、提高收费标准。

第五十六条　县级以上地方各级人民政府有关部门对中小企业实施监督检查应当依法进行，建立随机抽查机制。同一部门对中小企业实施的多项监督检查能够合并进行的，应当合并进行；不同部门对中小企业实施的多项监督检查能够合并完成的，由本级人民政府组织有关部门实施合并或者联合检查。

第九章　监督检查

第五十七条　县级以上人民政府定期组织对中小企业促进工作情

况的监督检查；对违反本法的行为及时予以纠正，并对直接负责的主管人员和其他直接责任人员依法给予处分。

第五十八条 国务院负责中小企业促进工作综合管理的部门应当委托第三方机构定期开展中小企业发展环境评估，并向社会公布。

地方各级人民政府可以根据实际情况委托第三方机构开展中小企业发展环境评估。

第五十九条 县级以上人民政府应当定期组织开展对中小企业发展专项资金、中小企业发展基金使用效果的企业评价、社会评价和资金使用动态评估，并将评价和评估情况及时向社会公布，接受社会监督。

县级以上人民政府有关部门在各自职责范围内，对中小企业发展专项资金、中小企业发展基金的管理和使用情况进行监督，对截留、挤占、挪用、侵占、贪污中小企业发展专项资金、中小企业发展基金等行为依法进行查处，并对直接负责的主管人员和其他直接责任人员依法给予处分；构成犯罪的，依法追究刑事责任。

第六十条 县级以上地方各级人民政府有关部门在各自职责范围内，对强制或者变相强制中小企业参加考核、评比、表彰、培训等活动的行为，违法向中小企业收费、罚款、摊派财物的行为，以及其他侵犯中小企业合法权益的行为进行查处，并对直接负责的主管人员和其他直接责任人员依法给予处分。

第十章 附 则

第六十一条 本法自2018年1月1日起施行。

中华人民共和国公司法（节录）

（1993年12月29日第八届全国人民代表大会常务委员会第五次会议通过　根据1999年12月25日第九届全国人民代表大会常务委员会第十三次会议《关于修改〈中华人民共和国公司法〉的决定》第一次修正　根据2004年8月28日第十届全国人民代表大会常务委员会第十一次会议《关于修改〈中华人民共和国公司法〉的决定》第二次修正　2005年10月27日第十届全国人民代表大会常务委员会第十八次会议第一次修订　根据2013年12月28日第十二届全国人民代表大会常务委员会第六次会议《关于修改〈中华人民共和国海洋环境保护法〉等七部法律的决定》第三次修正　根据2018年10月26日第十三届全国人民代表大会常务委员会第六次会议《关于修改〈中华人民共和国公司法〉的决定》第四次修正　2023年12月29日第十四届全国人民代表大会常务委员会第七次会议第二次修订　2023年12月29日中华人民共和国主席令第15号公布　自2024年7月1日起施行）

……

第一章　总　　则

第一条　【立法目的】为了规范公司的组织和行为，保护公司、股东、职工和债权人的合法权益，完善中国特色现代企业制度，弘扬企业家精神，维护社会经济秩序，促进社会主义市场经济的发展，根据宪法，制定本法。

第二条　【调整范围】 本法所称公司，是指依照本法在中华人民共和国境内设立的有限责任公司和股份有限公司。

第三条　【公司的法律地位】 公司是企业法人，有独立的法人财产，享有法人财产权。公司以其全部财产对公司的债务承担责任。

公司的合法权益受法律保护，不受侵犯。

第四条　【股东有限责任和基本权利】 有限责任公司的股东以其认缴的出资额为限对公司承担责任；股份有限公司的股东以其认购的股份为限对公司承担责任。

公司股东对公司依法享有资产收益、参与重大决策和选择管理者等权利。

第五条　【公司章程】 设立公司应当依法制定公司章程。公司章程对公司、股东、董事、监事、高级管理人员具有约束力。

第六条　【公司名称】 公司应当有自己的名称。公司名称应当符合国家有关规定。

公司的名称权受法律保护。

第七条　【公司名称中的公司类型】 依照本法设立的有限责任公司，应当在公司名称中标明有限责任公司或者有限公司字样。

依照本法设立的股份有限公司，应当在公司名称中标明股份有限公司或者股份公司字样。

第八条　【公司住所】 公司以其主要办事机构所在地为住所。

第九条　【经营范围】 公司的经营范围由公司章程规定。公司可以修改公司章程，变更经营范围。

公司的经营范围中属于法律、行政法规规定须经批准的项目，应当依法经过批准。

第十条　【担任法定代表人的主体范围】 公司的法定代表人按照公司章程的规定，由代表公司执行公司事务的董事或者经理担任。

担任法定代表人的董事或者经理辞任的，视为同时辞去法定代表人。

法定代表人辞任的，公司应当在法定代表人辞任之日起三十日内确定新的法定代表人。

第十一条　【法定代表人行为的法律后果】 法定代表人以公司名义从事的民事活动，其法律后果由公司承受。

公司章程或者股东会对法定代表人职权的限制，不得对抗善意相对人。

法定代表人因执行职务造成他人损害的，由公司承担民事责任。公司承担民事责任后，依照法律或者公司章程的规定，可以向有过错的法定代表人追偿。

第十二条　【公司形式变更】 有限责任公司变更为股份有限公司，应当符合本法规定的股份有限公司的条件。股份有限公司变更为有限责任公司，应当符合本法规定的有限责任公司的条件。

有限责任公司变更为股份有限公司的，或者股份有限公司变更为有限责任公司的，公司变更前的债权、债务由变更后的公司承继。

第十三条　【子公司和分公司】 公司可以设立子公司。子公司具有法人资格，依法独立承担民事责任。

公司可以设立分公司。分公司不具有法人资格，其民事责任由公司承担。

第十四条　【转投资】 公司可以向其他企业投资。

法律规定公司不得成为对所投资企业的债务承担连带责任的出资人的，从其规定。

第十五条 【转投资和为他人提供担保的内部程序】公司向其他企业投资或者为他人提供担保，按照公司章程的规定，由董事会或者股东会决议；公司章程对投资或者担保的总额及单项投资或者担保的数额有限额规定的，不得超过规定的限额。

公司为公司股东或者实际控制人提供担保的，应当经股东会决议。

前款规定的股东或者受前款规定的实际控制人支配的股东，不得参加前款规定事项的表决。该项表决由出席会议的其他股东所持表决权的过半数通过。

第十六条 【职工权益和教育培训】公司应当保护职工的合法权益，依法与职工签订劳动合同，参加社会保险，加强劳动保护，实现安全生产。

公司应当采用多种形式，加强公司职工的职业教育和岗位培训，提高职工素质。

第十七条 【工会和职工代表大会】公司职工依照《中华人民共和国工会法》组织工会，开展工会活动，维护职工合法权益。公司应当为本公司工会提供必要的活动条件。公司工会代表职工就职工的劳动报酬、工作时间、休息休假、劳动安全卫生和保险福利等事项依法与公司签订集体合同。

公司依照宪法和有关法律的规定，建立健全以职工代表大会为基本形式的民主管理制度，通过职工代表大会或者其他形式，实行民主管理。

公司研究决定改制、解散、申请破产以及经营方面的重大问题、制定重要的规章制度时，应当听取公司工会的意见，并通过职工代表大会或者其他形式听取职工的意见和建议。

第十八条 【党组织】在公司中，根据中国共产党章程的规定，设立中国共产党的组织，开展党的活动。公司应当为党组织的活动提供必要条件。

第十九条 【公司基本义务】公司从事经营活动，应当遵守法律法规，遵守社会公德、商业道德，诚实守信，接受政府和社会公众的监督。

第二十条 【公司社会责任】公司从事经营活动，应当充分考虑公司职工、消费者等利益相关者的利益以及生态环境保护等社会公共利益，承担社会责任。

国家鼓励公司参与社会公益活动，公布社会责任报告。

第二十一条 【不得滥用股东权利】公司股东应当遵守法律、行政法规和公司章程，依法行使股东权利，不得滥用股东权利损害公司或者其他股东的利益。

公司股东滥用股东权利给公司或者其他股东造成损失的，应当承担赔偿责任。

第二十二条 【关联交易】公司的控股股东、实际控制人、董事、监事、高级管理人员不得利用关联关系损害公司利益。

违反前款规定，给公司造成损失的，应当承担赔偿责任。

第二十三条 【公司人格否认】公司股东滥用公司法人独立地位和股东有限责任，逃避债务，严重损害公司债权人利益的，应当对公司债务承担连带责任。

股东利用其控制的两个以上公司实施前款规定行为的，各公司应当对任一公司的债务承担连带责任。

只有一个股东的公司，股东不能证明公司财产独立于股东自己的财产的，应当对公司债务承担连带责任。

第二十四条 【电子通信方式开会和表决】公司股东会、董事会、监事会召开会议和表决可以采用电子通信方式，公司章程另有规定的除外。

第二十五条 【决议的无效】公司股东会、董事会的决议内容违反法律、行政法规的无效。

第二十六条 【决议的撤销】公司股东会、董事会的会议召集程序、表决方式违反法律、行政法规或者公司章程，或者决议内容违反公司章程的，股东自决议作出之日起六十日内，可以请求人民法院撤销。但是，股东会、董事会的会议召集程序或者表决方式仅有轻微瑕疵，对决议未产生实质影响的除外。

未被通知参加股东会会议的股东自知道或者应当知道股东会决议作出之日起六十日内，可以请求人民法院撤销；自决议作出之日起一年内没有行使撤销权的，撤销权消灭。

第二十七条 【决议的不成立】有下列情形之一的，公司股东会、董事会的决议不成立：

（一）未召开股东会、董事会会议作出决议；

（二）股东会、董事会会议未对决议事项进行表决；

（三）出席会议的人数或者所持表决权数未达到本法或者公司章程规定的人数或者所持表决权数；

（四）同意决议事项的人数或者所持表决权数未达到本法或者公司章程规定的人数或者所持表决权数。

第二十八条 【瑕疵决议的法律后果】公司股东会、董事会决议被人民法院宣告无效、撤销或者确认不成立的，公司应当向公司登记机关申请撤销根据该决议已办理的登记。

股东会、董事会决议被人民法院宣告无效、撤销或者确认不成立的，公司根据该决议与善意相对人形成的民事法律关系不受影响。
……

第四章 有限责任公司的股权转让

第八十四条 【股权的自愿转让】有限责任公司的股东之间可以相互转让其全部或者部分股权。

股东向股东以外的人转让股权的，应当将股权转让的数量、价格、支付方式和期限等事项书面通知其他股东，其他股东在同等条件下有优先购买权。股东自接到书面通知之日起三十日内未答复的，视为放弃优先购买权。两个以上股东行使优先购买权的，协商确定各自的购买比例；协商不成的，按照转让时各自的出资比例行使优先购买权。

公司章程对股权转让另有规定的，从其规定。

第八十五条 【股权的强制转让】人民法院依照法律规定的强制执行程序转让股东的股权时，应当通知公司及全体股东，其他股东在同等条件下有优先购买权。其他股东自人民法院通知之日起满二十日不行使优先购买权的，视为放弃优先购买权。

第八十六条 【股权转让引起的变更股东名册和变更登记】股东转让股权的，应当书面通知公司，请求变更股东名册；需要办理变更登记的，并请求公司向公司登记机关办理变更登记。公司拒绝或者在合理期限内不予答复的，转让人、受让人可以依法向人民法院提起诉讼。

股权转让的，受让人自记载于股东名册时起可以向公司主张行使股东权利。

第八十七条 【公司在股权转让后的义务】依照本法转让股权后,公司应当及时注销原股东的出资证明书,向新股东签发出资证明书,并相应修改公司章程和股东名册中有关股东及其出资额的记载。对公司章程的该项修改不需再由股东会表决。

第八十八条 【股权转让情形下的出资责任】股东转让已认缴出资但未届出资期限的股权的,由受让人承担缴纳该出资的义务;受让人未按期足额缴纳出资的,转让人对受让人未按期缴纳的出资承担补充责任。

未按照公司章程规定的出资日期缴纳出资或者作为出资的非货币财产的实际价额显著低于所认缴的出资额的股东转让股权的,转让人与受让人在出资不足的范围内承担连带责任;受让人不知道且不应当知道存在上述情形的,由转让人承担责任。

第八十九条 【股东股权收购请求权】有下列情形之一的,对股东会该项决议投反对票的股东可以请求公司按照合理的价格收购其股权:

(一)公司连续五年不向股东分配利润,而公司该五年连续盈利,并且符合本法规定的分配利润条件;

(二)公司合并、分立、转让主要财产;

(三)公司章程规定的营业期限届满或者章程规定的其他解散事由出现,股东会通过决议修改章程使公司存续。

自股东会决议作出之日起六十日内,股东与公司不能达成股权收购协议的,股东可以自股东会决议作出之日起九十日内向人民法院提起诉讼。

公司的控股股东滥用股东权利,严重损害公司或者其他股东利益的,其他股东有权请求公司按照合理的价格收购其股权。

公司因本条第一款、第三款规定的情形收购的本公司股权,应当在六个月内依法转让或者注销。

第九十条 【股东资格继承】自然人股东死亡后,其合法继承人可以继承股东资格;但是,公司章程另有规定的除外。

......

第六章 股份有限公司的股份发行和转让

第一节 股份发行

第一百四十二条 【面额股和无面额股】公司的资本划分为股份。公司的全部股份,根据公司章程的规定择一采用面额股或者无面额股。采用面额股的,每一股的金额相等。

公司可以根据公司章程的规定将已发行的面额股全部转换为无面额股或者将无面额股全部转换为面额股。

采用无面额股的,应当将发行股份所得股款的二分之一以上计入注册资本。

第一百四十三条 【股份发行的原则】股份的发行,实行公平、公正的原则,同类别的每一股份应当具有同等权利。

同次发行的同类别股份,每股的发行条件和价格应当相同;认购人所认购的股份,每股应当支付相同价额。

第一百四十四条 【类别股的种类】公司可以按照公司章程的规定发行下列与普通股权利不同的类别股:

(一)优先或者劣后分配利润或者剩余财产的股份;

(二)每一股的表决权数多于或者少于普通股的股份;

（三）转让须经公司同意等转让受限的股份；

（四）国务院规定的其他类别股。

公开发行股份的公司不得发行前款第二项、第三项规定的类别股；公开发行前已发行的除外。

公司发行本条第一款第二项规定的类别股的，对于监事或者审计委员会成员的选举和更换，类别股与普通股每一股的表决权数相同。

第一百四十五条　【发行类别股的公司章程记载事项】发行类别股的公司，应当在公司章程中载明以下事项：

（一）类别股分配利润或者剩余财产的顺序；

（二）类别股的表决权数；

（三）类别股的转让限制；

（四）保护中小股东权益的措施；

（五）股东会认为需要规定的其他事项。

第一百四十六条　【类别股股东会决议】发行类别股的公司，有本法第一百一十六条第三款规定的事项等可能影响类别股股东权利的，除应当依照第一百一十六条第三款的规定经股东会决议外，还应当经出席类别股股东会议的股东所持表决权的三分之二以上通过。

公司章程可以对需经类别股股东会议决议的其他事项作出规定。

第一百四十七条　【股份的形式和记名股票】公司的股份采取股票的形式。股票是公司签发的证明股东所持股份的凭证。

公司发行的股票，应当为记名股票。

第一百四十八条　【面额股股票的发行价格】面额股股票的发行价格可以按票面金额，也可以超过票面金额，但不得低于票面金额。

第一百四十九条　【股票的形式】股票采用纸面形式或者国务院证券监督管理机构规定的其他形式。

股票采用纸面形式的,应当载明下列主要事项：

（一）公司名称；

（二）公司成立日期或者股票发行的时间；

（三）股票种类、票面金额及代表的股份数,发行无面额股的,股票代表的股份数。

股票采用纸面形式的,还应当载明股票的编号,由法定代表人签名,公司盖章。

发起人股票采用纸面形式的,应当标明发起人股票字样。

第一百五十条　【股票交付时间】股份有限公司成立后,即向股东正式交付股票。公司成立前不得向股东交付股票。

第一百五十一条　【公司发行新股的股东会决议】公司发行新股,股东会应当对下列事项作出决议：

（一）新股种类及数额；

（二）新股发行价格；

（三）新股发行的起止日期；

（四）向原有股东发行新股的种类及数额；

（五）发行无面额股的,新股发行所得股款计入注册资本的金额。

公司发行新股,可以根据公司经营情况和财务状况,确定其作价方案。

第一百五十二条　【授权董事会决定发行股份及其限制】公司章程或者股东会可以授权董事会在三年内决定发行不超过已发行股份百分之五十的股份。但以非货币财产作价出资的应当经股东会决议。

董事会依照前款规定决定发行股份导致公司注册资本、已发行股份数发生变化的,对公司章程该项记载事项的修改不需再由股东会表决。

第一百五十三条 **【董事会决定发行新股的决议通过比例】**公司章程或者股东会授权董事会决定发行新股的，董事会决议应当经全体董事三分之二以上通过。

第一百五十四条 **【公开募集股份的注册和公告招股说明书】**公司向社会公开募集股份，应当经国务院证券监督管理机构注册，公告招股说明书。

招股说明书应当附有公司章程，并载明下列事项：

（一）发行的股份总数；

（二）面额股的票面金额和发行价格或者无面额股的发行价格；

（三）募集资金的用途；

（四）认股人的权利和义务；

（五）股份种类及其权利和义务；

（六）本次募股的起止日期及逾期未募足时认股人可以撤回所认股份的说明。

公司设立时发行股份的，还应当载明发起人认购的股份数。

第一百五十五条 **【证券承销】**公司向社会公开募集股份，应当由依法设立的证券公司承销，签订承销协议。

第一百五十六条 **【银行代收股款】**公司向社会公开募集股份，应当同银行签订代收股款协议。

代收股款的银行应当按照协议代收和保存股款，向缴纳股款的认股人出具收款单据，并负有向有关部门出具收款证明的义务。

公司发行股份募足股款后，应予公告。

第二节 股份转让

第一百五十七条 **【股份转让自由及其例外】**股份有限公司的股

东持有的股份可以向其他股东转让，也可以向股东以外的人转让；公司章程对股份转让有限制的，其转让按照公司章程的规定进行。

第一百五十八条 【股份转让的方式】股东转让其股份，应当在依法设立的证券交易场所进行或者按照国务院规定的其他方式进行。

第一百五十九条 【股票转让的方式】股票的转让，由股东以背书方式或者法律、行政法规规定的其他方式进行；转让后由公司将受让人的姓名或者名称及住所记载于股东名册。

股东会会议召开前二十日内或者公司决定分配股利的基准日前五日内，不得变更股东名册。法律、行政法规或者国务院证券监督管理机构对上市公司股东名册变更另有规定的，从其规定。

第一百六十条 【股份转让的限制】公司公开发行股份前已发行的股份，自公司股票在证券交易所上市交易之日起一年内不得转让。法律、行政法规或者国务院证券监督管理机构对上市公司的股东、实际控制人转让其所持有的本公司股份另有规定的，从其规定。

公司董事、监事、高级管理人员应当向公司申报所持有的本公司的股份及其变动情况，在就任时确定的任职期间每年转让的股份不得超过其所持有本公司股份总数的百分之二十五；所持本公司股份自公司股票上市交易之日起一年内不得转让。上述人员离职后半年内，不得转让其所持有的本公司股份。公司章程可以对公司董事、监事、高级管理人员转让其所持有的本公司股份作出其他限制性规定。

股份在法律、行政法规规定的限制转让期限内出质的，质权人不得在限制转让期限内行使质权。

第一百六十一条 【异议股东股份回购请求权】有下列情形之一的，对股东会该项决议投反对票的股东可以请求公司按照合理的价格收购其股份，公开发行股份的公司除外：

（一）公司连续五年不向股东分配利润，而公司该五年连续盈利，并且符合本法规定的分配利润条件；

（二）公司转让主要财产；

（三）公司章程规定的营业期限届满或者章程规定的其他解散事由出现，股东会通过决议修改章程使公司存续。

自股东会决议作出之日起六十日内，股东与公司不能达成股份收购协议的，股东可以自股东会决议作出之日起九十日内向人民法院提起诉讼。

公司因本条第一款规定的情形收购的本公司股份，应当在六个月内依法转让或者注销。

第一百六十二条　【公司不得收购本公司股份及其例外】公司不得收购本公司股份。但是，有下列情形之一的除外：

（一）减少公司注册资本；

（二）与持有本公司股份的其他公司合并；

（三）将股份用于员工持股计划或者股权激励；

（四）股东因对股东会作出的公司合并、分立决议持异议，要求公司收购其股份；

（五）将股份用于转换公司发行的可转换为股票的公司债券；

（六）上市公司为维护公司价值及股东权益所必需。

公司因前款第一项、第二项规定的情形收购本公司股份的，应当经股东会决议；公司因前款第三项、第五项、第六项规定的情形收购本公司股份的，可以按照公司章程或者股东会的授权，经三分之二以上董事出席的董事会会议决议。

公司依照本条第一款规定收购本公司股份后，属于第一项情形的，应当自收购之日起十日内注销；属于第二项、第四项情形的，应当在六个月内转让或者注销；属于第三项、第五项、第六项情形的，公司合计持有的本公司股份数不得超过本公司已发行股份总数的百分之十，并应当在三年内转让或者注销。

上市公司收购本公司股份的，应当依照《中华人民共和国证券法》的规定履行信息披露义务。上市公司因本条第一款第三项、第五项、第六项规定的情形收购本公司股份的，应当通过公开的集中交易方式进行。

公司不得接受本公司的股份作为质权的标的。

第一百六十三条　【禁止财务资助及其例外】 公司不得为他人取得本公司或者其母公司的股份提供赠与、借款、担保以及其他财务资助，公司实施员工持股计划的除外。

为公司利益，经股东会决议，或者董事会按照公司章程或者股东会的授权作出决议，公司可以为他人取得本公司或者其母公司的股份提供财务资助，但财务资助的累计总额不得超过已发行股本总额的百分之十。董事会作出决议应当经全体董事的三分之二以上通过。

违反前两款规定，给公司造成损失的，负有责任的董事、监事、高级管理人员应当承担赔偿责任。

第一百六十四条　【股票被盗、遗失或者灭失的救济】 股票被盗、遗失或者灭失，股东可以依照《中华人民共和国民事诉讼法》规定的公示催告程序，请求人民法院宣告该股票失效。人民法院宣告该股票失效后，股东可以向公司申请补发股票。

第一百六十五条　【上市公司的股票上市交易】 上市公司的股票，依照有关法律、行政法规及证券交易所交易规则上市交易。

第一百六十六条　【上市公司信息披露】 上市公司应当依照法律、行政法规的规定披露相关信息。

第一百六十七条 【股东资格继承】自然人股东死亡后，其合法继承人可以继承股东资格；但是，股份转让受限的股份有限公司的章程另有规定的除外。

……

第八章　公司董事、监事、高级管理人员的资格和义务

第一百七十八条 【消极资格】有下列情形之一的，不得担任公司的董事、监事、高级管理人员：

（一）无民事行为能力或者限制民事行为能力；

（二）因贪污、贿赂、侵占财产、挪用财产或者破坏社会主义市场经济秩序，被判处刑罚，或者因犯罪被剥夺政治权利，执行期满未逾五年，被宣告缓刑的，自缓刑考验期满之日起未逾二年；

（三）担任破产清算的公司、企业的董事或者厂长、经理，对该公司、企业的破产负有个人责任的，自该公司、企业破产清算完结之日起未逾三年；

（四）担任因违法被吊销营业执照、责令关闭的公司、企业的法定代表人，并负有个人责任的，自该公司、企业被吊销营业执照、责令关闭之日起未逾三年；

（五）个人因所负数额较大债务到期未清偿被人民法院列为失信被执行人。

违反前款规定选举、委派董事、监事或者聘任高级管理人员的，该选举、委派或者聘任无效。

董事、监事、高级管理人员在任职期间出现本条第一款所列情形

的，公司应当解除其职务。

第一百七十九条 【守法合章义务】董事、监事、高级管理人员应当遵守法律、行政法规和公司章程。

第一百八十条 【忠实义务和勤勉义务的一般规定】董事、监事、高级管理人员对公司负有忠实义务，应当采取措施避免自身利益与公司利益冲突，不得利用职权牟取不正当利益。

董事、监事、高级管理人员对公司负有勤勉义务，执行职务应当为公司的最大利益尽到管理者通常应有的合理注意。

公司的控股股东、实际控制人不担任公司董事但实际执行公司事务的，适用前两款规定。

第一百八十一条 【违反忠实义务的行为】董事、监事、高级管理人员不得有下列行为：

（一）侵占公司财产、挪用公司资金；

（二）将公司资金以其个人名义或者以其他个人名义开立账户存储；

（三）利用职权贿赂或者收受其他非法收入；

（四）接受他人与公司交易的佣金归为己有；

（五）擅自披露公司秘密；

（六）违反对公司忠实义务的其他行为。

第一百八十二条 【自我交易和关联交易】董事、监事、高级管理人员，直接或者间接与本公司订立合同或者进行交易，应当就与订立合同或者进行交易有关的事项向董事会或者股东会报告，并按照公司章程的规定经董事会或者股东会决议通过。

董事、监事、高级管理人员的近亲属，董事、监事、高级管理人员或者其近亲属直接或者间接控制的企业，以及与董事、监事、高级管理人员有其他关联关系的关联人，与公司订立合同或者进行交易，适用前款规定。

第一百八十三条　【利用公司商业机会】董事、监事、高级管理人员，不得利用职务便利为自己或者他人谋取属于公司的商业机会。但是，有下列情形之一的除外：

（一）向董事会或者股东会报告，并按照公司章程的规定经董事会或者股东会决议通过；

（二）根据法律、行政法规或者公司章程的规定，公司不能利用该商业机会。

第一百八十四条　【竞业限制】董事、监事、高级管理人员未向董事会或者股东会报告，并按照公司章程的规定经董事会或者股东会决议通过，不得自营或者为他人经营与其任职公司同类的业务。

第一百八十五条　【关联董事回避表决】董事会对本法第一百八十二条至第一百八十四条规定的事项决议时，关联董事不得参与表决，其表决权不计入表决权总数。出席董事会会议的无关联关系董事人数不足三人的，应当将该事项提交股东会审议。

第一百八十六条　【归入权】董事、监事、高级管理人员违反本法第一百八十一条至第一百八十四条规定所得的收入应当归公司所有。

第一百八十七条　【列席股东会会议并接受股东质询】股东会要求董事、监事、高级管理人员列席会议的，董事、监事、高级管理人员应当列席并接受股东的质询。

第一百八十八条　【执行职务给公司造成损失的赔偿责任】董事、监事、高级管理人员执行职务违反法律、行政法规或者公司章程的规定，给公司造成损失的，应当承担赔偿责任。

171

第一百八十九条 【股东代表诉讼】董事、高级管理人员有前条规定的情形的,有限责任公司的股东、股份有限公司连续一百八十日以上单独或者合计持有公司百分之一以上股份的股东,可以书面请求监事会向人民法院提起诉讼;监事有前条规定的情形的,前述股东可以书面请求董事会向人民法院提起诉讼。

监事会或者董事会收到前款规定的股东书面请求后拒绝提起诉讼,或者自收到请求之日起三十日内未提起诉讼,或者情况紧急、不立即提起诉讼将会使公司利益受到难以弥补的损害的,前款规定的股东有权为公司利益以自己的名义直接向人民法院提起诉讼。

他人侵犯公司合法权益,给公司造成损失的,本条第一款规定的股东可以依照前两款的规定向人民法院提起诉讼。

公司全资子公司的董事、监事、高级管理人员有前条规定情形,或者他人侵犯公司全资子公司合法权益造成损失的,有限责任公司的股东、股份有限公司连续一百八十日以上单独或者合计持有公司百分之一以上股份的股东,可以依照前三款规定书面请求全资子公司的监事会、董事会向人民法院提起诉讼或者以自己的名义直接向人民法院提起诉讼。

第一百九十条 【股东直接诉讼】董事、高级管理人员违反法律、行政法规或者公司章程的规定,损害股东利益的,股东可以向人民法院提起诉讼。

第一百九十一条 【执行职务给他人造成损害的赔偿责任】董事、高级管理人员执行职务,给他人造成损害的,公司应当承担赔偿责任;董事、高级管理人员存在故意或者重大过失的,也应当承担赔偿责任。

第一百九十二条 【影子董事、影子高级管理人员】公司的控股股东、实际控制人指示董事、高级管理人员从事损害公司或者股东利益的行为的，与该董事、高级管理人员承担连带责任。

第一百九十三条　【董事责任保险】公司可以在董事任职期间为董事因执行公司职务承担的赔偿责任投保责任保险。

公司为董事投保责任保险或者续保后，董事会应当向股东会报告责任保险的投保金额、承保范围及保险费率等内容。

第九章　公司债券

第一百九十四条　【公司债券的定义、发行和交易的一般规定】本法所称公司债券，是指公司发行的约定按期还本付息的有价证券。

公司债券可以公开发行，也可以非公开发行。

公司债券的发行和交易应当符合《中华人民共和国证券法》等法律、行政法规的规定。

第一百九十五条　【公司债券募集办法的公告及记载事项】公开发行公司债券，应当经国务院证券监督管理机构注册，公告公司债券募集办法。

公司债券募集办法应当载明下列主要事项：

（一）公司名称；

（二）债券募集资金的用途；

（三）债券总额和债券的票面金额；

（四）债券利率的确定方式；

（五）还本付息的期限和方式；

（六）债券担保情况；

（七）债券的发行价格、发行的起止日期；

（八）公司净资产额；

（九）已发行的尚未到期的公司债券总额；

（十）公司债券的承销机构。

第一百九十六条 【以纸面形式发行的公司债券的记载事项】公司以纸面形式发行公司债券的，应当在债券上载明公司名称、债券票面金额、利率、偿还期限等事项，并由法定代表人签名，公司盖章。

第一百九十七条 【记名债券】公司债券应当为记名债券。

第一百九十八条 【债券持有人名册】公司发行公司债券应当置备公司债券持有人名册。

发行公司债券的，应当在公司债券持有人名册上载明下列事项：

（一）债券持有人的姓名或者名称及住所；

（二）债券持有人取得债券的日期及债券的编号；

（三）债券总额，债券的票面金额、利率、还本付息的期限和方式；

（四）债券的发行日期。

第一百九十九条 【公司债券的登记结算】公司债券的登记结算机构应当建立债券登记、存管、付息、兑付等相关制度。

第二百条 【公司债券转让自由及其合法性】公司债券可以转让，转让价格由转让人与受让人约定。

公司债券的转让应当符合法律、行政法规的规定。

第二百零一条 【公司债券转让的方式】公司债券由债券持有人以背书方式或者法律、行政法规规定的其他方式转让；转让后由公司将受让人的姓名或者名称及住所记载于公司债券持有人名册。

第二百零二条 【可转换为股票的公司债券的发行】股份有限公司经股东会决议，或者经公司章程、股东会授权由董事会决议，可以发行可转换为股票的公司债券，并规定具体的转换办法。上市公司发行可转换为股票的公司债券，应当经国务院证券监督管理机构注册。

发行可转换为股票的公司债券，应当在债券上标明可转换公司债券字样，并在公司债券持有人名册上载明可转换公司债券的数额。

第二百零三条 【可转换为股票的公司债券的转换】发行可转换为股票的公司债券的，公司应当按照其转换办法向债券持有人换发股票，但债券持有人对转换股票或者不转换股票有选择权。法律、行政法规另有规定的除外。

第二百零四条 【债券持有人会议及其决议】公开发行公司债券的，应当为同期债券持有人设立债券持有人会议，并在债券募集办法中对债券持有人会议的召集程序、会议规则和其他重要事项作出规定。债券持有人会议可以对与债券持有人有利害关系的事项作出决议。

除公司债券募集办法另有约定外，债券持有人会议决议对同期全体债券持有人发生效力。

第二百零五条 【债券受托管理人的聘请及其负责事项】公开发行公司债券的，发行人应当为债券持有人聘请债券受托管理人，由其为债券持有人办理受领清偿、债权保全、与债券相关的诉讼以及参与债务人破产程序等事项。

第二百零六条 【债券受托管理人的职责及责任承担】债券受托管理人应当勤勉尽责，公正履行受托管理职责，不得损害债券持有人利益。

受托管理人与债券持有人存在利益冲突可能损害债券持有人利益的，债券持有人会议可以决议变更债券受托管理人。

债券受托管理人违反法律、行政法规或者债券持有人会议决议，损害债券持有人利益的，应当承担赔偿责任。

第十章　公司财务、会计

第二百零七条　【依法建立财务、会计制度】公司应当依照法律、行政法规和国务院财政部门的规定建立本公司的财务、会计制度。

第二百零八条　【财务会计报告的编制】公司应当在每一会计年度终了时编制财务会计报告，并依法经会计师事务所审计。

财务会计报告应当依照法律、行政法规和国务院财政部门的规定制作。

第二百零九条　【财务会计报告的公布】有限责任公司应当按照公司章程规定的期限将财务会计报告送交各股东。

股份有限公司的财务会计报告应当在召开股东会年会的二十日前置备于本公司，供股东查阅；公开发行股份的股份有限公司应当公告其财务会计报告。

第二百一十条　【公司利润分配】公司分配当年税后利润时，应当提取利润的百分之十列入公司法定公积金。公司法定公积金累计额为公司注册资本的百分之五十以上的，可以不再提取。

公司的法定公积金不足以弥补以前年度亏损的，在依照前款规定提取法定公积金之前，应当先用当年利润弥补亏损。

公司从税后利润中提取法定公积金后，经股东会决议，还可以从税后利润中提取任意公积金。

公司弥补亏损和提取公积金后所余税后利润，有限责任公司按照股东实缴的出资比例分配利润，全体股东约定不按照出资比例分配利润的除外；股份有限公司按照股东所持有的股份比例分配利润，公司章程另有规定的除外。

公司持有的本公司股份不得分配利润。

第二百一十一条 【违法分配利润的后果及责任】公司违反本法规定向股东分配利润的，股东应当将违反规定分配的利润退还公司；给公司造成损失的，股东及负有责任的董事、监事、高级管理人员应当承担赔偿责任。

第二百一十二条 【利润分配的完成期限】股东会作出分配利润的决议的，董事会应当在股东会决议作出之日起六个月内进行分配。

第二百一十三条 【资本公积金的来源】公司以超过股票票面金额的发行价格发行股份所得的溢价款、发行无面额股所得股款未计入注册资本的金额以及国务院财政部门规定列入资本公积金的其他项目，应当列为公司资本公积金。

第二百一十四条 【公积金的用途】公司的公积金用于弥补公司的亏损、扩大公司生产经营或者转为增加公司注册资本。

公积金弥补公司亏损，应当先使用任意公积金和法定公积金；仍不能弥补的，可以按照规定使用资本公积金。

法定公积金转为增加注册资本时，所留存的该项公积金不得少于转增前公司注册资本的百分之二十五。

第二百一十五条 【会计师事务所的聘用及解聘】公司聘用、解聘承办公司审计业务的会计师事务所，按照公司章程的规定，由股东会、董事会或者监事会决定。

公司股东会、董事会或者监事会就解聘会计师事务所进行表决时，应当允许会计师事务所陈述意见。

第二百一十六条 【会计资料的提供】公司应当向聘用的会计师

事务所提供真实、完整的会计凭证、会计账簿、财务会计报告及其他会计资料，不得拒绝、隐匿、谎报。

第二百一十七条 【禁止另立账簿或账户】公司除法定的会计账簿外，不得另立会计账簿。

对公司资金，不得以任何个人名义开立账户存储。

……

中华人民共和国反不正当竞争法（节录）

（1993年9月2日第八届全国人民代表大会常务委员会第三次会议通过 2017年11月4日第十二届全国人民代表大会常务委员会第三十次会议修订 根据2019年4月23日第十三届全国人民代表大会常务委员会第十次会议《关于修改〈中华人民共和国建筑法〉等八部法律的决定》修正）

……

第二章 不正当竞争行为

第六条 经营者不得实施下列混淆行为，引人误认为是他人商品或者与他人存在特定联系：

（一）擅自使用与他人有一定影响的商品名称、包装、装潢等相同或者近似的标识；

（二）擅自使用他人有一定影响的企业名称（包括简称、字号等）、社会组织名称（包括简称等）、姓名（包括笔名、艺名、译名等）；

（三）擅自使用他人有一定影响的域名主体部分、网站名称、网页等；

（四）其他足以引人误认为是他人商品或者与他人存在特定联系的混淆行为。

第七条 经营者不得采用财物或者其他手段贿赂下列单位或者个人，以谋取交易机会或者竞争优势：

（一）交易相对方的工作人员；

（二）受交易相对方委托办理相关事务的单位或者个人；

（三）利用职权或者影响力影响交易的单位或者个人。

经营者在交易活动中，可以以明示方式向交易相对方支付折扣，或者向中间人支付佣金。经营者向交易相对方支付折扣、向中间人支付佣金的，应当如实入账。接受折扣、佣金的经营者也应当如实入账。

经营者的工作人员进行贿赂的，应当认定为经营者的行为；但是，经营者有证据证明该工作人员的行为与为经营者谋取交易机会或者竞争优势无关的除外。

第八条 经营者不得对其商品的性能、功能、质量、销售状况、用户评价、曾获荣誉等作虚假或者引人误解的商业宣传，欺骗、误导消费者。

经营者不得通过组织虚假交易等方式，帮助其他经营者进行虚假或者引人误解的商业宣传。

第九条 经营者不得实施下列侵犯商业秘密的行为：

（一）以盗窃、贿赂、欺诈、胁迫、电子侵入或者其他不正当手段获取权利人的商业秘密；

（二）披露、使用或者允许他人使用以前项手段获取的权利人的商业秘密；

（三）违反保密义务或者违反权利人有关保守商业秘密的要求，披露、使用或者允许他人使用其所掌握的商业秘密；

（四）教唆、引诱、帮助他人违反保密义务或者违反权利人有关保守商业秘密的要求，获取、披露、使用或者允许他人使用权利人的商业秘密。

经营者以外的其他自然人、法人和非法人组织实施前款所列违法行为的，视为侵犯商业秘密。

第三人明知或者应知商业秘密权利人的员工、前员工或者其他单位、个人实施本条第一款所列违法行为，仍获取、披露、使用或者允许他人使用该商业秘密的，视为侵犯商业秘密。

本法所称的商业秘密，是指不为公众所知悉、具有商业价值并经权利人采取相应保密措施的技术信息、经营信息等商业信息。

第十条 经营者进行有奖销售不得存在下列情形：

（一）所设奖的种类、兑奖条件、奖金金额或者奖品等有奖销售信息不明确，影响兑奖；

（二）采用谎称有奖或者故意让内定人员中奖的欺骗方式进行有奖销售；

（三）抽奖式的有奖销售，最高奖的金额超过五万元。

第十一条 经营者不得编造、传播虚假信息或者误导性信息，损害竞争对手的商业信誉、商品声誉。

第十二条 经营者利用网络从事生产经营活动，应当遵守本法的各项规定。

经营者不得利用技术手段，通过影响用户选择或者其他方式，实施下列妨碍、破坏其他经营者合法提供的网络产品或者服务正常运行的行为：

（一）未经其他经营者同意，在其合法提供的网络产品或者服务中，插入链接、强制进行目标跳转；

（二）误导、欺骗、强迫用户修改、关闭、卸载其他经营者合法提供的网络产品或者服务；

（三）恶意对其他经营者合法提供的网络产品或者服务实施不兼容；

（四）其他妨碍、破坏其他经营者合法提供的网络产品或者服务正常运行的行为。

第三章　对涉嫌不正当竞争行为的调查

第十三条　监督检查部门调查涉嫌不正当竞争行为，可以采取下列措施：

（一）进入涉嫌不正当竞争行为的经营场所进行检查；

（二）询问被调查的经营者、利害关系人及其他有关单位、个人，要求其说明有关情况或者提供与被调查行为有关的其他资料；

（三）查询、复制与涉嫌不正当竞争行为有关的协议、账簿、单据、文件、记录、业务函电和其他资料；

（四）查封、扣押与涉嫌不正当竞争行为有关的财物；

（五）查询涉嫌不正当竞争行为的经营者的银行账户。

采取前款规定的措施，应当向监督检查部门主要负责人书面报告，并经批准。采取前款第四项、第五项规定的措施，应当向设区的市级以上人民政府监督检查部门主要负责人书面报告，并经批准。

监督检查部门调查涉嫌不正当竞争行为,应当遵守《中华人民共和国行政强制法》和其他有关法律、行政法规的规定,并应当将查处结果及时向社会公开。

第十四条 监督检查部门调查涉嫌不正当竞争行为,被调查的经营者、利害关系人及其他有关单位、个人应当如实提供有关资料或者情况。

第十五条 监督检查部门及其工作人员对调查过程中知悉的商业秘密负有保密义务。

第十六条 对涉嫌不正当竞争行为,任何单位和个人有权向监督检查部门举报,监督检查部门接到举报后应当依法及时处理。

监督检查部门应当向社会公开受理举报的电话、信箱或者电子邮件地址,并为举报人保密。对实名举报并提供相关事实和证据的,监督检查部门应当将处理结果告知举报人。

……

优化营商环境条例

(2019年10月8日国务院第66次常务会议通过 2019年10月22日中华人民共和国国务院令第722号公布 自2020年1月1日起施行)

第一章 总 则

第一条 为了持续优化营商环境,不断解放和发展社会生产力,加快建设现代化经济体系,推动高质量发展,制定本条例。

第二条 本条例所称营商环境,是指企业等市场主体在市场经济活动中所涉及的体制机制性因素和条件。

第三条 国家持续深化简政放权、放管结合、优化服务改革,最大限度减少政府对市场资源的直接配置,最大限度减少政府对市场活动的直接干预,加强和规范事中事后监管,着力提升政务服务能力和水平,切实降低制度性交易成本,更大激发市场活力和社会创造力,增强发展动力。

各级人民政府及其部门应当坚持政务公开透明,以公开为常态、不公开为例外,全面推进决策、执行、管理、服务、结果公开。

第四条 优化营商环境应当坚持市场化、法治化、国际化原则,以市场主体需求为导向,以深刻转变政府职能为核心,创新体制机制、强化协同联动、完善法治保障,对标国际先进水平,为各类市场主体投资兴业营造稳定、公平、透明、可预期的良好环境。

第五条 国家加快建立统一开放、竞争有序的现代市场体系,依法促进各类生产要素自由流动,保障各类市场主体公平参与市场竞争。

第六条 国家鼓励、支持、引导非公有制经济发展,激发非公有制经济活力和创造力。

国家进一步扩大对外开放,积极促进外商投资,平等对待内资企业、外商投资企业等各类市场主体。

第七条 各级人民政府应当加强对优化营商环境工作的组织领导,完善优化营商环境的政策措施,建立健全统筹推进、督促落实优化营商环境工作的相关机制,及时协调、解决优化营商环境工作中的重大问题。

县级以上人民政府有关部门应当按照职责分工,做好优化营商环境的相关工作。县级以上地方人民政府根据实际情况，可以明确优化营商环境工作的主管部门。

国家鼓励和支持各地区、各部门结合实际情况，在法治框架内积极探索原创性、差异化的优化营商环境具体措施；对探索中出现失误或者偏差，符合规定条件的，可以予以免责或者减轻责任。

第八条 国家建立和完善以市场主体和社会公众满意度为导向的营商环境评价体系，发挥营商环境评价对优化营商环境的引领和督促作用。

开展营商环境评价，不得影响各地区、各部门正常工作，不得影响市场主体正常生产经营活动或者增加市场主体负担。

任何单位不得利用营商环境评价谋取利益。

第九条 市场主体应当遵守法律法规，恪守社会公德和商业道德，诚实守信、公平竞争，履行安全、质量、劳动者权益保护、消费者权益保护等方面的法定义务，在国际经贸活动中遵循国际通行规则。

第二章 市场主体保护

第十条 国家坚持权利平等、机会平等、规则平等，保障各种所有制经济平等受到法律保护。

第十一条 市场主体依法享有经营自主权。对依法应当由市场主体自主决策的各类事项，任何单位和个人不得干预。

第十二条 国家保障各类市场主体依法平等使用资金、技术、人力资源、土地使用权及其他自然资源等各类生产要素和公共服务资源。

各类市场主体依法平等适用国家支持发展的政策。政府及其有关部门在政府资金安排、土地供应、税费减免、资质许可、标准制定、项目申报、职称评定、人力资源政策等方面，应当依法平等对待各类市场主体，不得制定或者实施歧视性政策措施。

第十三条　招标投标和政府采购应当公开透明、公平公正，依法平等对待各类所有制和不同地区的市场主体，不得以不合理条件或者产品产地来源等进行限制或者排斥。

政府有关部门应当加强招标投标和政府采购监管，依法纠正和查处违法违规行为。

第十四条　国家依法保护市场主体的财产权和其他合法权益，保护企业经营者人身和财产安全。

严禁违反法定权限、条件、程序对市场主体的财产和企业经营者个人财产实施查封、冻结和扣押等行政强制措施；依法确需实施前述行政强制措施的，应当限定在所必需的范围内。

禁止在法律、法规规定之外要求市场主体提供财力、物力或者人力的摊派行为。市场主体有权拒绝任何形式的摊派。

第十五条　国家建立知识产权侵权惩罚性赔偿制度，推动建立知识产权快速协同保护机制，健全知识产权纠纷多元化解决机制和知识产权维权援助机制，加大对知识产权的保护力度。

国家持续深化商标注册、专利申请便利化改革，提高商标注册、专利申请审查效率。

第十六条　国家加大中小投资者权益保护力度，完善中小投资者权益保护机制，保障中小投资者的知情权、参与权，提升中小投资者维护合法权益的便利度。

第十七条　除法律、法规另有规定外，市场主体有权自主决定加入或者退出行业协会商会等社会组织，任何单位和个人不得干预。

除法律、法规另有规定外,任何单位和个人不得强制或者变相强制市场主体参加评比、达标、表彰、培训、考核、考试以及类似活动,不得借前述活动向市场主体收费或者变相收费。

第十八条 国家推动建立全国统一的市场主体维权服务平台,为市场主体提供高效、便捷的维权服务。

第三章 市场环境

第十九条 国家持续深化商事制度改革,统一企业登记业务规范,统一数据标准和平台服务接口,采用统一社会信用代码进行登记管理。

国家推进"证照分离"改革,持续精简涉企经营许可事项,依法采取直接取消审批、审批改为备案、实行告知承诺、优化审批服务等方式,对所有涉企经营许可事项进行分类管理,为企业取得营业执照后开展相关经营活动提供便利。除法律、行政法规规定的特定领域外,涉企经营许可事项不得作为企业登记的前置条件。

政府有关部门应当按照国家有关规定,简化企业从申请设立到具备一般性经营条件所需办理的手续。在国家规定的企业开办时限内,各地区应当确定并公开具体办理时间。

企业申请办理住所等相关变更登记的,有关部门应当依法及时办理,不得限制。除法律、法规、规章另有规定外,企业迁移后其持有的有效许可证件不再重复办理。

第二十条 国家持续放宽市场准入,并实行全国统一的市场准入负面清单制度。市场准入负面清单以外的领域,各类市场主体均可以依法平等进入。

各地区、各部门不得另行制定市场准入性质的负面清单。

第二十一条　政府有关部门应当加大反垄断和反不正当竞争执法力度，有效预防和制止市场经济活动中的垄断行为、不正当竞争行为以及滥用行政权力排除、限制竞争的行为，营造公平竞争的市场环境。

第二十二条　国家建立健全统一开放、竞争有序的人力资源市场体系，打破城乡、地区、行业分割和身份、性别等歧视，促进人力资源有序社会性流动和合理配置。

第二十三条　政府及其有关部门应当完善政策措施、强化创新服务，鼓励和支持市场主体拓展创新空间，持续推进产品、技术、商业模式、管理等创新，充分发挥市场主体在推动科技成果转化中的作用。

第二十四条　政府及其有关部门应当严格落实国家各项减税降费政策，及时研究解决政策落实中的具体问题，确保减税降费政策全面、及时惠及市场主体。

第二十五条　设立政府性基金、涉企行政事业性收费、涉企保证金，应当有法律、行政法规依据或者经国务院批准。对政府性基金、涉企行政事业性收费、涉企保证金以及实行政府定价的经营服务性收费，实行目录清单管理并向社会公开，目录清单之外的前述收费和保证金一律不得执行。推广以金融机构保函替代现金缴纳涉企保证金。

第二十六条　国家鼓励和支持金融机构加大对民营企业、中小企业的支持力度，降低民营企业、中小企业综合融资成本。

金融监督管理部门应当完善对商业银行等金融机构的监管考核和激励机制，鼓励、引导其增加对民营企业、中小企业的信贷投放，并合理增加中长期贷款和信用贷款支持，提高贷款审批效率。

商业银行等金融机构在授信中不得设置不合理条件，不得对民营企业、中小企业设置歧视性要求。商业银行等金融机构应当按照国家有关规定规范收费行为，不得违规向服务对象收取不合理费用。商业银行应当向社会公开开设企业账户的服务标准、资费标准和办理时限。

第二十七条 国家促进多层次资本市场规范健康发展，拓宽市场主体融资渠道，支持符合条件的民营企业、中小企业依法发行股票、债券以及其他融资工具，扩大直接融资规模。

第二十八条 供水、供电、供气、供热等公用企事业单位应当向社会公开服务标准、资费标准等信息，为市场主体提供安全、便捷、稳定和价格合理的服务，不得强迫市场主体接受不合理的服务条件，不得以任何名义收取不合理费用。各地区应当优化报装流程，在国家规定的报装办理时限内确定并公开具体办理时间。

政府有关部门应当加强对公用企事业单位运营的监督管理。

第二十九条 行业协会商会应当依照法律、法规和章程，加强行业自律，及时反映行业诉求，为市场主体提供信息咨询、宣传培训、市场拓展、权益保护、纠纷处理等方面的服务。

国家依法严格规范行业协会商会的收费、评比、认证等行为。

第三十条 国家加强社会信用体系建设，持续推进政务诚信、商务诚信、社会诚信和司法公信建设，提高全社会诚信意识和信用水平，维护信用信息安全，严格保护商业秘密和个人隐私。

第三十一条 地方各级人民政府及其有关部门应当履行向市场主体依法作出的政策承诺以及依法订立的各类合同，不得以行政区划调整、政府换届、机构或者职能调整以及相关责任人更替等为由违约毁约。因国家利益、社会公共利益需要改变政策承诺、合同约定的，应当依照法定权限和程序进行，并依法对市场主体因此受到的损失予以补偿。

第三十二条　国家机关、事业单位不得违约拖欠市场主体的货物、工程、服务等账款，大型企业不得利用优势地位拖欠中小企业账款。

县级以上人民政府及其有关部门应当加大对国家机关、事业单位拖欠市场主体账款的清理力度，并通过加强预算管理、严格责任追究等措施，建立防范和治理国家机关、事业单位拖欠市场主体账款的长效机制。

第三十三条　政府有关部门应当优化市场主体注销办理流程，精简申请材料、压缩办理时间、降低注销成本。对设立后未开展生产经营活动或者无债权债务的市场主体，可以按照简易程序办理注销。对有债权债务的市场主体，在债权债务依法解决后及时办理注销。

县级以上地方人民政府应当根据需要建立企业破产工作协调机制，协调解决企业破产过程中涉及的有关问题。

第四章　政务服务

第三十四条　政府及其有关部门应当进一步增强服务意识，切实转变工作作风，为市场主体提供规范、便利、高效的政务服务。

第三十五条　政府及其有关部门应当推进政务服务标准化，按照减环节、减材料、减时限的要求，编制并向社会公开政务服务事项（包括行政权力事项和公共服务事项，下同）标准化工作流程和办事指南，细化量化政务服务标准，压缩自由裁量权，推进同一事项实行无差别受理、同标准办理。没有法律、法规、规章依据，不得增设政务服务事项的办理条件和环节。

第三十六条　政府及其有关部门办理政务服务事项，应当根据实际情况，推行当场办结、一次办结、限时办结等制度，实现集中办理、就近办理、网上办理、异地可办。需要市场主体补正有关材料、手续的，应当一次性告知需要补正的内容；需要进行现场踏勘、现场核查、技术审查、听证论证的，应当及时安排、限时办结。

法律、法规、规章以及国家有关规定对政务服务事项办理时限有规定的，应当在规定的时限内尽快办结；没有规定的，应当按照合理、高效的原则确定办理时限并按时办结。各地区可以在国家规定的政务服务事项办理时限内进一步压减时间，并应当向社会公开；超过办理时间的，办理单位应当公开说明理由。

地方各级人民政府已设立政务服务大厅的，本行政区域内各类政务服务事项一般应当进驻政务服务大厅统一办理。对政务服务大厅中部门分设的服务窗口，应当创造条件整合为综合窗口，提供一站式服务。

第三十七条　国家加快建设全国一体化在线政务服务平台（以下称一体化在线平台），推动政务服务事项在全国范围内实现"一网通办"。除法律、法规另有规定或者涉及国家秘密等情形外，政务服务事项应当按照国务院确定的步骤，纳入一体化在线平台办理。

国家依托一体化在线平台，推动政务信息系统整合，优化政务流程，促进政务服务跨地区、跨部门、跨层级数据共享和业务协同。政府及其有关部门应当按照国家有关规定，提供数据共享服务，及时将有关政务服务数据上传至一体化在线平台，加强共享数据使用全过程管理，确保共享数据安全。

国家建立电子证照共享服务系统，实现电子证照跨地区、跨部门共享和全国范围内互信互认。各地区、各部门应当加强电子证照的推广应用。

各地区、各部门应当推动政务服务大厅与政务服务平台全面对接融合。市场主体有权自主选择政务服务办理渠道，行政机关不得限定办理渠道。

第三十八条 政府及其有关部门应当通过政府网站、一体化在线平台，集中公布涉及市场主体的法律、法规、规章、行政规范性文件和各类政策措施，并通过多种途径和方式加强宣传解读。

第三十九条 国家严格控制新设行政许可。新设行政许可应当按照行政许可法和国务院的规定严格设定标准，并进行合法性、必要性和合理性审查论证。对通过事中事后监管或者市场机制能够解决以及行政许可法和国务院规定不得设立行政许可的事项，一律不得设立行政许可，严禁以备案、登记、注册、目录、规划、年检、年报、监制、认定、认证、审定以及其他任何形式变相设定或者实施行政许可。

法律、行政法规和国务院决定对相关管理事项已作出规定，但未采取行政许可管理方式的，地方不得就该事项设定行政许可。对相关管理事项尚未制定法律、行政法规的，地方可以依法就该事项设定行政许可。

第四十条 国家实行行政许可清单管理制度，适时调整行政许可清单并向社会公布，清单之外不得违法实施行政许可。

国家大力精简已有行政许可。对已取消的行政许可，行政机关不得继续实施或者变相实施，不得转由行业协会商会或者其他组织实施。

对实行行政许可管理的事项，行政机关应当通过整合实施、下放审批层级等多种方式，优化审批服务，提高审批效率，减轻市场主体负担。符合相关条件和要求的，可以按照有关规定采取告知承诺的方式办理。

第四十一条 县级以上地方人民政府应当深化投资审批制度改革，根据项目性质、投资规模等分类规范投资审批程序，精简审批要件，简化技术审查事项，强化项目决策与用地、规划等建设条件落实的协同，实行与相关审批在线并联办理。

第四十二条 设区的市级以上地方人民政府应当按照国家有关规定，优化工程建设项目（不包括特殊工程和交通、水利、能源等领域的重大工程）审批流程，推行并联审批、多图联审、联合竣工验收等方式，简化审批手续，提高审批效能。

在依法设立的开发区、新区和其他有条件的区域，按照国家有关规定推行区域评估，由设区的市级以上地方人民政府组织对一定区域内压覆重要矿产资源、地质灾害危险性等事项进行统一评估，不再对区域内的市场主体单独提出评估要求。区域评估的费用不得由市场主体承担。

第四十三条 作为办理行政审批条件的中介服务事项（以下称法定行政审批中介服务）应当有法律、法规或者国务院决定依据；没有依据的，不得作为办理行政审批的条件。中介服务机构应当明确办理法定行政审批中介服务的条件、流程、时限、收费标准，并向社会公开。

国家加快推进中介服务机构与行政机关脱钩。行政机关不得为市场主体指定或者变相指定中介服务机构；除法定行政审批中介服务外，不得强制或者变相强制市场主体接受中介服务。行政机关所属事业单位、主管的社会组织及其举办的企业不得开展与本机关所负责行政审批相关的中介服务，法律、行政法规另有规定的除外。

行政机关在行政审批过程中需要委托中介服务机构开展技术性服

务的，应当通过竞争性方式选择中介服务机构，并自行承担服务费用，不得转嫁给市场主体承担。

第四十四条 证明事项应当有法律、法规或者国务院决定依据。

设定证明事项，应当坚持确有必要、从严控制的原则。对通过法定证照、法定文书、书面告知承诺、政府部门内部核查和部门间核查、网络核验、合同凭证等能够办理，能够被其他材料涵盖或者替代，以及开具单位无法调查核实的，不得设定证明事项。

政府有关部门应当公布证明事项清单，逐项列明设定依据、索要单位、开具单位、办理指南等。清单之外，政府部门、公用企事业单位和服务机构不得索要证明。各地区、各部门之间应当加强证明的互认共享，避免重复索要证明。

第四十五条 政府及其有关部门应当按照国家促进跨境贸易便利化的有关要求，依法削减进出口环节审批事项，取消不必要的监管要求，优化简化通关流程，提高通关效率，清理规范口岸收费，降低通关成本，推动口岸和国际贸易领域相关业务统一通过国际贸易"单一窗口"办理。

第四十六条 税务机关应当精简办税资料和流程，简并申报缴税次数，公开涉税事项办理时限，压减办税时间，加大推广使用电子发票的力度，逐步实现全程网上办税，持续优化纳税服务。

第四十七条 不动产登记机构应当按照国家有关规定，加强部门协作，实行不动产登记、交易和缴税一窗受理、并行办理，压缩办理时间，降低办理成本。在国家规定的不动产登记时限内，各地区应当确定并公开具体办理时间。

国家推动建立统一的动产和权利担保登记公示系统，逐步实现市场主体在一个平台上办理动产和权利担保登记。纳入统一登记公示系统的动产和权利范围另行规定。

第四十八条 政府及其有关部门应当按照构建亲清新型政商关系的要求，建立畅通有效的政企沟通机制，采取多种方式及时听取市场主体的反映和诉求，了解市场主体生产经营中遇到的困难和问题，并依法帮助其解决。

建立政企沟通机制，应当充分尊重市场主体意愿，增强针对性和有效性，不得干扰市场主体正常生产经营活动，不得增加市场主体负担。

第四十九条 政府及其有关部门应当建立便利、畅通的渠道，受理有关营商环境的投诉和举报。

第五十条 新闻媒体应当及时、准确宣传优化营商环境的措施和成效，为优化营商环境创造良好舆论氛围。

国家鼓励对营商环境进行舆论监督，但禁止捏造虚假信息或者歪曲事实进行不实报道。

第五章　监管执法

第五十一条 政府有关部门应当严格按照法律法规和职责，落实监管责任，明确监管对象和范围、厘清监管事权，依法对市场主体进行监管，实现监管全覆盖。

第五十二条 国家健全公开透明的监管规则和标准体系。国务院有关部门应当分领域制定全国统一、简明易行的监管规则和标准，并向社会公开。

第五十三条 政府及其有关部门应当按照国家关于加快构建以信用为基础的新型监管机制的要求，创新和完善信用监管，强化信用监管的支撑保障，加强信用监管的组织实施，不断提升信用监管效能。

第五十四条　国家推行"双随机、一公开"监管，除直接涉及公共安全和人民群众生命健康等特殊行业、重点领域外，市场监管领域的行政检查应当通过随机抽取检查对象、随机选派执法检查人员、抽查事项及查处结果及时向社会公开的方式进行。针对同一检查对象的多个检查事项，应当尽可能合并或者纳入跨部门联合抽查范围。

对直接涉及公共安全和人民群众生命健康等特殊行业、重点领域，依法依规实行全覆盖的重点监管，并严格规范重点监管的程序；对通过投诉举报、转办交办、数据监测等发现的问题，应当有针对性地进行检查并依法依规处理。

第五十五条　政府及其有关部门应当按照鼓励创新的原则，对新技术、新产业、新业态、新模式等实行包容审慎监管，针对其性质、特点分类制定和实行相应的监管规则和标准，留足发展空间，同时确保质量和安全，不得简单化予以禁止或者不予监管。

第五十六条　政府及其有关部门应当充分运用互联网、大数据等技术手段，依托国家统一建立的在线监管系统，加强监管信息归集共享和关联整合，推行以远程监管、移动监管、预警防控为特征的非现场监管，提升监管的精准化、智能化水平。

第五十七条　国家建立健全跨部门、跨区域行政执法联动响应和协作机制，实现违法线索互联、监管标准互通、处理结果互认。

国家统筹配置行政执法职能和执法资源，在相关领域推行综合行政执法，整合精简执法队伍，减少执法主体和执法层级，提高基层执法能力。

第五十八条　行政执法机关应当按照国家有关规定，全面落实行政执法公示、行政执法全过程记录和重大行政执法决定法制审核制度，实现行政执法信息及时准确公示、行政执法全过程留痕和可回溯管理、重大行政执法决定法制审核全覆盖。

第五十九条 行政执法中应当推广运用说服教育、劝导示范、行政指导等非强制性手段，依法慎重实施行政强制。采用非强制性手段能够达到行政管理目的的，不得实施行政强制；违法行为情节轻微或者社会危害较小的，可以不实施行政强制；确需实施行政强制的，应当尽可能减少对市场主体正常生产经营活动的影响。

开展清理整顿、专项整治等活动，应当严格依法进行，除涉及人民群众生命安全、发生重特大事故或者举办国家重大活动，并报经有权机关批准外，不得在相关区域采取要求相关行业、领域的市场主体普遍停产、停业的措施。

禁止将罚没收入与行政执法机关利益挂钩。

第六十条 国家健全行政执法自由裁量基准制度，合理确定裁量范围、种类和幅度，规范行政执法自由裁量权的行使。

第六章 法治保障

第六十一条 国家根据优化营商环境需要，依照法定权限和程序及时制定或者修改、废止有关法律、法规、规章、行政规范性文件。

优化营商环境的改革措施涉及调整实施现行法律、行政法规等有关规定的，依照法定程序经有权机关授权后，可以先行先试。

第六十二条 制定与市场主体生产经营活动密切相关的行政法规、规章、行政规范性文件，应当按照国务院的规定，充分听取市场主体、行业协会商会的意见。

除依法需要保密外，制定与市场主体生产经营活动密切相关的行政法规、规章、行政规范性文件，应当通过报纸、网络等向社会公开征求意见，并建立健全意见采纳情况反馈机制。向社会公开征求意见的期限一般不少于30日。

第六十三条　制定与市场主体生产经营活动密切相关的行政法规、规章、行政规范性文件，应当按照国务院的规定进行公平竞争审查。

制定涉及市场主体权利义务的行政规范性文件，应当按照国务院的规定进行合法性审核。

市场主体认为地方性法规同行政法规相抵触，或者认为规章同法律、行政法规相抵触的，可以向国务院书面提出审查建议，由有关机关按照规定程序处理。

第六十四条　没有法律、法规或者国务院决定和命令依据的，行政规范性文件不得减损市场主体合法权益或者增加其义务，不得设置市场准入和退出条件，不得干预市场主体正常生产经营活动。

涉及市场主体权利义务的行政规范性文件应当按照法定要求和程序予以公布，未经公布的不得作为行政管理依据。

第六十五条　制定与市场主体生产经营活动密切相关的行政法规、规章、行政规范性文件，应当结合实际，确定是否为市场主体留出必要的适应调整期。

政府及其有关部门应当统筹协调、合理把握规章、行政规范性文件等的出台节奏，全面评估政策效果，避免因政策叠加或者相互不协调对市场主体正常生产经营活动造成不利影响。

第六十六条　国家完善调解、仲裁、行政裁决、行政复议、诉讼等有机衔接、相互协调的多元化纠纷解决机制，为市场主体提供高效、便捷的纠纷解决途径。

第六十七条　国家加强法治宣传教育，落实国家机关普法责任制，提高国家工作人员依法履职能力，引导市场主体合法经营、依法维护自身合法权益，不断增强全社会的法治意识，为营造法治化营商环境提供基础性支撑。

第六十八条　政府及其有关部门应当整合律师、公证、司法鉴定、调解、仲裁等公共法律服务资源，加快推进公共法律服务体系建设，全面提升公共法律服务能力和水平，为优化营商环境提供全方位法律服务。

第六十九条　政府和有关部门及其工作人员有下列情形之一的，依法依规追究责任：

（一）违法干预应当由市场主体自主决策的事项；

（二）制定或者实施政策措施不依法平等对待各类市场主体；

（三）违反法定权限、条件、程序对市场主体的财产和企业经营者个人财产实施查封、冻结和扣押等行政强制措施；

（四）在法律、法规规定之外要求市场主体提供财力、物力或者人力；

（五）没有法律、法规依据，强制或者变相强制市场主体参加评比、达标、表彰、培训、考核、考试以及类似活动，或者借前述活动向市场主体收费或者变相收费；

（六）违法设立或者在目录清单之外执行政府性基金、涉企行政事业性收费、涉企保证金；

（七）不履行向市场主体依法作出的政策承诺以及依法订立的各类合同，或者违约拖欠市场主体的货物、工程、服务等账款；

（八）变相设定或者实施行政许可，继续实施或者变相实施已取消的行政许可，或者转由行业协会商会或者其他组织实施已取消的行政许可；

（九）为市场主体指定或者变相指定中介服务机构，或者违法强制市场主体接受中介服务；

（十）制定与市场主体生产经营活动密切相关的行政法规、规章、行政规范性文件时，不按照规定听取市场主体、行业协会商会的意见；

（十一）其他不履行优化营商环境职责或者损害营商环境的情形。

第七十条 公用企事业单位有下列情形之一的，由有关部门责令改正，依法追究法律责任：

（一）不向社会公开服务标准、资费标准、办理时限等信息；

（二）强迫市场主体接受不合理的服务条件；

（三）向市场主体收取不合理费用。

第七十一条 行业协会商会、中介服务机构有下列情形之一的，由有关部门责令改正，依法追究法律责任：

（一）违法开展收费、评比、认证等行为；

（二）违法干预市场主体加入或者退出行业协会商会等社会组织；

（三）没有法律、法规依据，强制或者变相强制市场主体参加评比、达标、表彰、培训、考核、考试以及类似活动，或者借前述活动向市场主体收费或者变相收费；

（四）不向社会公开办理法定行政审批中介服务的条件、流程、时限、收费标准；

（五）违法强制或者变相强制市场主体接受中介服务。

第七章 附 则

第七十二条 本条例自2020年1月1日起施行。

保障中小企业款项支付条例

（2020年7月5日中华人民共和国国务院令第728号公布　2025年3月17日中华人民共和国国务院令第802号修订）

第一章　总　　则

第一条　为了促进机关、事业单位和大型企业及时支付中小企业款项，维护中小企业合法权益，优化营商环境，根据《中华人民共和国中小企业促进法》等法律，制定本条例。

第二条　机关、事业单位和大型企业采购货物、工程、服务支付中小企业款项，应当遵守本条例。

第三条　本条例所称中小企业，是指在中华人民共和国境内依法设立，依据国务院批准的中小企业划分标准确定的中型企业、小型企业和微型企业；所称大型企业，是指中小企业以外的企业。

中小企业、大型企业依合同订立时的企业规模类型确定。中小企业与机关、事业单位、大型企业订立合同时，应当主动告知其属于中小企业。

第四条　保障中小企业款项支付工作，应当贯彻落实党和国家的路线方针政策、决策部署，坚持支付主体负责、行业规范自律、政府依法监管、社会协同监督的原则，依法防范和治理拖欠中小企业款项问题。

第五条　国务院负责中小企业促进工作综合管理的部门对保障中小企业款项支付工作进行综合协调、监督检查。国务院发展改革、财政、住房城乡建设、交通运输、水利、金融管理、国有资产监管、市场监督管理等有关部门应当按照职责分工,负责保障中小企业款项支付相关工作。

省、自治区、直辖市人民政府对本行政区域内保障中小企业款项支付工作负总责,加强组织领导、统筹协调,健全制度机制。县级以上地方人民政府负责本行政区域内保障中小企业款项支付的管理工作。

县级以上地方人民政府负责中小企业促进工作综合管理的部门和发展改革、财政、住房城乡建设、交通运输、水利、金融管理、国有资产监管、市场监督管理等有关部门应当按照职责分工,负责保障中小企业款项支付相关工作。

第六条 有关行业协会商会应当按照法律法规和组织章程,加强行业自律管理,规范引导本行业大型企业履行及时支付中小企业款项义务、不得利用优势地位拖欠中小企业款项,为中小企业提供信息咨询、权益保护、纠纷处理等方面的服务,保护中小企业合法权益。

鼓励大型企业公开承诺向中小企业采购货物、工程、服务的付款期限与方式。

第七条 机关、事业单位和大型企业不得要求中小企业接受不合理的付款期限、方式、条件和违约责任等交易条件,不得拖欠中小企业的货物、工程、服务款项。

中小企业应当依法经营,诚实守信,按照合同约定提供合格的货物、工程和服务。

第二章 款项支付规定

第八条 机关、事业单位使用财政资金从中小企业采购货物、工程、服务，应当严格按照批准的预算执行，不得无预算、超预算开展采购。

政府投资项目所需资金应当按照国家有关规定确保落实到位，不得由施工单位垫资建设。

第九条 机关、事业单位从中小企业采购货物、工程、服务，应当自货物、工程、服务交付之日起30日内支付款项；合同另有约定的，从其约定，但付款期限最长不得超过60日。

大型企业从中小企业采购货物、工程、服务，应当自货物、工程、服务交付之日起60日内支付款项；合同另有约定的，从其约定，但应当按照行业规范、交易习惯合理约定付款期限并及时支付款项，不得约定以收到第三方付款作为向中小企业支付款项的条件或者按照第三方付款进度比例支付中小企业款项。

法律、行政法规或者国家有关规定对本条第一款、第二款付款期限另有规定的，从其规定。

合同约定采取履行进度结算、定期结算等结算方式的，付款期限应当自双方确认结算金额之日起算。

第十条 机关、事业单位和大型企业与中小企业约定以货物、工程、服务交付后经检验或者验收合格作为支付中小企业款项条件的，付款期限应当自检验或者验收合格之日起算。

合同双方应当在合同中约定明确、合理的检验或者验收期限，并在该期限内完成检验或者验收，法律、行政法规或者国家有关规定对检验或者验收期限另有规定的，从其规定。机关、事业单位和大型企业拖延检验或者验收的，付款期限自约定的检验或者验收期限届满之日起算。

第十一条 机关、事业单位和大型企业使用商业汇票、应收账款电子凭证等非现金支付方式支付中小企业款项的，应当在合同中作出明确、合理约定，不得强制中小企业接受商业汇票、应收账款电子凭证等非现金支付方式，不得利用商业汇票、应收账款电子凭证等非现金支付方式变相延长付款期限。

第十二条　机关、事业单位和国有大型企业不得强制要求以审计机关的审计结果作为结算依据，法律、行政法规另有规定的除外。

第十三条　除依法设立的投标保证金、履约保证金、工程质量保证金、农民工工资保证金外，工程建设中不得以任何形式收取其他保证金。保证金的收取比例、方式应当符合法律、行政法规和国家有关规定。

机关、事业单位和大型企业不得将保证金限定为现金。中小企业以金融机构出具的保函等提供保证的，机关、事业单位和大型企业应当接受。

机关、事业单位和大型企业应当依法或者按照合同约定，在保证期限届满后及时与中小企业对收取的保证金进行核算并退还。

第十四条　机关、事业单位和大型企业不得以法定代表人或者主要负责人变更，履行内部付款流程，或者在合同未作约定的情况下以等待竣工验收备案、决算审计等为由，拒绝或者迟延支付中小企业款项。

第十五条　机关、事业单位和大型企业与中小企业的交易，部分存在争议但不影响其他部分履行的，对于无争议部分应当履行及时付款义务。

第十六条　鼓励、引导、支持商业银行等金融机构增加对中小企业的信贷投放，降低中小企业综合融资成本，为中小企业以应收账款、知识产权、政府采购合同、存货、机器设备等为担保品的融资提供便利。

中小企业以应收账款融资的，机关、事业单位和大型企业应当自中小企业提出确权请求之日起 30 日内确认债权债务关系，支持中小企业融资。

第十七条　机关、事业单位和大型企业迟延支付中小企业款项的，应当支付逾期利息。双方对逾期利息的利率有约定的，约定利率不得低于合同订立时 1 年期贷款市场报价利率；未作约定的，按照每日利率万分之五支付逾期利息。

第十八条　机关、事业单位应当于每年 3 月 31 日前将上一年度逾期尚未支付中小企业款项的合同数量、金额等信息通过网站、报刊等便于公众知晓的方式公开。

大型企业应当将逾期尚未支付中小企业款项的合同数量、金额等信息纳入企业年度报告，依法通过国家企业信用信息公示系统向社会公示。

第十九条　大型企业应当将保障中小企业款项支付工作情况，纳入企业风险控制与合规管理体系，并督促其全资或者控股子公司及时支付中小企业款项。

第二十条　机关、事业单位和大型企业及其工作人员不得以任何形式对提出付款请求或者投诉的中小企业及其工作人员进行恐吓、打击报复。

第三章　监督管理

第二十一条　县级以上人民政府及其有关部门通过监督检查、函询约谈、督办通报、投诉处理等措施，加大对机关、事业单位和大型企业拖欠中小企业款项的清理力度。

第二十二条 县级以上地方人民政府部门应当每年定期将上一年度逾期尚未支付中小企业款项情况按程序报告本级人民政府。事业单位、国有大型企业应当每年定期将上一年度逾期尚未支付中小企业款项情况按程序报其主管部门或者监管部门。

县级以上地方人民政府应当每年定期听取本行政区域内保障中小企业款项支付工作汇报，加强督促指导，研究解决突出问题。

第二十三条 省级以上人民政府建立督查制度，对保障中小企业款项支付工作进行监督检查，对政策落实不到位、工作推进不力的部门和地方人民政府主要负责人进行约谈。

县级以上人民政府负责中小企业促进工作综合管理的部门对拖欠中小企业款项的机关、事业单位和大型企业，可以进行函询约谈，对情节严重的，予以督办通报，必要时可以会同拖欠单位上级机关、行业主管部门、监管部门联合进行。

第二十四条 省级以上人民政府负责中小企业促进工作综合管理的部门（以下统称受理投诉部门）应当建立便利畅通的渠道，受理对机关、事业单位和大型企业拖欠中小企业款项的投诉。

国务院负责中小企业促进工作综合管理的部门建立国家统一的拖欠中小企业款项投诉平台，加强投诉处理机制建设，与相关部门、地方人民政府信息共享、协同配合。

第二十五条 受理投诉部门应当按照"属地管理、分级负责，谁主管谁负责、谁监管谁负责"的原则，自正式受理之日起10个工作日内，按程序将投诉转交有关部门或者地方人民政府指定的部门（以下统称处理投诉部门）处理。

处理投诉部门应当自收到投诉材料之日起30日内形成处理结果，

以书面形式反馈投诉人，并反馈受理投诉部门。情况复杂或者有其他特殊原因的，经部门负责人批准，可适当延长，但处理期限最长不得超过 90 日。

被投诉人应当配合处理投诉部门工作。处理投诉部门应当督促被投诉人及时反馈情况。被投诉人未及时反馈或者未按规定反馈的，处理投诉部门应当向其发出督办书；收到督办书仍拒不配合的，处理投诉部门可以约谈、通报被投诉人，并责令整改。

投诉人应当与被投诉人存在合同关系，不得虚假、恶意投诉。

受理投诉部门和处理投诉部门的工作人员，对在履行职责中获悉的国家秘密、商业秘密和个人信息负有保密义务。

第二十六条 机关、事业单位和大型企业拖欠中小企业款项依法依规被认定为失信的，受理投诉部门和有关部门按程序将有关失信情况记入相关主体信用记录。情节严重或者造成严重不良社会影响的，将相关信息纳入全国信用信息共享平台和国家企业信用信息公示系统，向社会公示；对机关、事业单位在公务消费、办公用房、经费安排等方面采取必要的限制措施，对大型企业在财政资金支持、投资项目审批、融资获取、市场准入、资质评定、评优评先等方面依法依规予以限制。

第二十七条 审计机关依法对机关、事业单位和国有大型企业支付中小企业款项情况实施审计监督。

第二十八条 国家依法开展中小企业发展环境评估和营商环境评价时，应当将保障中小企业款项支付工作情况纳入评估和评价内容。

第二十九条 国务院负责中小企业促进工作综合管理的部门依据国务院批准的中小企业划分标准，建立企业规模类型测试平台，提供中小企业规模类型自测服务。

对中小企业规模类型有争议的，可以向主张为中小企业一方所在地的县级以上地方人民政府负责中小企业促进工作综合管理的部门申请认定。人力资源社会保障、市场监督管理、统计等相关部门应当应认定部门的请求，提供必要的协助。

第三十条 国家鼓励法律服务机构为与机关、事业单位和大型企业存在支付纠纷的中小企业提供公益法律服务。

新闻媒体应当开展对保障中小企业款项支付相关法律法规政策的公益宣传，依法加强对机关、事业单位和大型企业拖欠中小企业款项行为的舆论监督。

第四章 法律责任

第三十一条 机关、事业单位违反本条例，有下列情形之一的，由其上级机关、主管部门责令改正；拒不改正的，对负有责任的领导人员和直接责任人员依法给予处分：

（一）未在规定的期限内支付中小企业货物、工程、服务款项；

（二）拖延检验、验收；

（三）强制中小企业接受商业汇票、应收账款电子凭证等非现金支付方式，或者利用商业汇票、应收账款电子凭证等非现金支付方式变相延长付款期限；

（四）没有法律、行政法规依据，要求以审计机关的审计结果作为结算依据；

（五）违法收取保证金，拒绝接受中小企业以金融机构出具的保函等提供保证，或者不及时与中小企业对保证金进行核算并退还；

（六）以法定代表人或者主要负责人变更，履行内部付款流程，或者在合同未作约定的情况下以等待竣工验收备案、决算审计等为由，拒绝或者迟延支付中小企业款项；

（七）未按照规定公开逾期尚未支付中小企业款项信息。

第三十二条 机关、事业单位有下列情形之一的，依法追究责任：

（一）使用财政资金从中小企业采购货物、工程、服务，未按照批准的预算执行；

（二）要求施工单位对政府投资项目垫资建设。

第三十三条 国有大型企业拖欠中小企业款项，造成不良后果或者影响的，对负有责任的国有企业管理人员依法给予处分。

国有大型企业没有法律、行政法规依据，要求以审计机关的审计结果作为结算依据的，由其监管部门责令改正；拒不改正的，对负有责任的国有企业管理人员依法给予处分。

第三十四条 大型企业违反本条例，未按照规定在企业年度报告中公示逾期尚未支付中小企业款项信息或者隐瞒真实情况、弄虚作假的，由市场监督管理部门依法处理。

第三十五条 机关、事业单位和大型企业及其工作人员对提出付款请求或者投诉的中小企业及其工作人员进行恐吓、打击报复，或者有其他滥用职权、玩忽职守、徇私舞弊行为的，对负有责任的领导人员和直接责任人员依法给予处分或者处罚；构成犯罪的，依法追究刑事责任。

第五章　附　　则

第三十六条 部分或者全部使用财政资金的团体组织采购货物、工程、服务支付中小企业款项，参照本条例对机关、事业单位的有关规定执行。

军队采购货物、工程、服务支付中小企业款项，按照军队的有关规定执行。

第三十七条 本条例自 2025 年 6 月 1 日起施行。

图书在版编目（CIP）数据

中华人民共和国民营经济促进法：案例注释版／中国法治出版社编. -- 北京：中国法治出版社，2025.5.（法律法规案例注释版）. -- ISBN 978-7-5216-5226-0
（2025.7重印）

Ⅰ．D922.295

中国国家版本馆 CIP 数据核字第 2025MD6823 号

责任编辑：谢　雯　　　　　　　　　　　　封面设计：杨泽江

中华人民共和国民营经济促进法：案例注释版
ZHONGHUA RENMIN GONGHEGUO MINYING JINGJI CUJINFA：ANLI ZHUSHIBAN

经销/新华书店
印刷/三河市国英印务有限公司
开本/880 毫米×1230 毫米　32 开　　　　印张/ 7.25　字数/ 161 千
版次/2025 年 5 月第 1 版　　　　　　　　2025 年 7 月第 2 次印刷

中国法治出版社出版
书号 ISBN 978-7-5216-5226-0　　　　　　　　　　　定价：25.00 元

北京市西城区西便门西里甲 16 号西便门办公区
邮政编码：100053　　　　　　　　　　　传真：010-63141600
网址：http：//www.zgfzs.com　　　　　　编辑部电话：010-63141784
市场营销部电话：010-63141612　　　　　印务部电话：010-63141606

（如有印装质量问题，请与本社印务部联系。）